EXPOSITION
D'UNE
METHODE RAISONNÉE
POUR APPRENDRE
LA LANGUE LATINE.

A PARIS,

Chez { ETIENNE GANEAU, Libraire, rue S. Jacques.
QUILLAU, Pere & Fils:
JEAN DESAINT, Imprimeurs-Libraires-
Jurez de l'Université, rue Galande,
proche la rue du Fouare.

MDCCXXII.

AVEC APPROBATION ET PRIVILEGE DU ROY.

A MESSIEURS
DE BAUFFREMONT.

ESSIEURS;

Le désir extrême de vous être utile m'a fait mettre en ordre cette Méthode que je vous offre. Vous en êtes le motif & la ju-

stification. Puisse-t-elle contribuer à vous faire acquérir ce mérite personnel, qui est si fort au-dessus des agrémens les plus aimables, & de la naissance la plus illustre ; c'est un souhait que votre jeune âge m'autorise de former, & que vos dispositions naturelles, & l'exemple de vos Ancêtres m'assurent que vous remplirez. J'ai l'honneur d'être,

MESSIEURS,

Votre très-humble & très-obéissant serviteur,
Du Marsais.

EXPOSITION
D'UNE
METHODE RAISONNÉE
POUR APRENDRE
LA LANGUE LATINE.

La Méthode que je propose, a eu un succès si promt & si facile, dans quelques éducations particulieres, que j'ai cru pouvoir en faire un usage qui la rendît plus utile au Public.

Ce n'est point une simple routine ou de vaines speculations que je propose, c'est une pratique éprouvée, & une imitation raisonnée de la maniere dont on aprend les Langues vivantes.

Le but principal de cette Méthode c'est de former l'esprit, en acoutumant les jeunes gens, sans qu'ils s'en aperçoivent, à mettre de l'ordre dans leurs pensées, à sentir les raports naturels des idées, à démêler les équivoques, & à tout raporter à de veritables principes : ce qui donne dans la suite de la vie une justesse d'esprit, où il me semble que les Méthodes ordinaires ne conduisent point.

Cette Méthode a deux parties, la Routine & la Raison. Je veux dire que ce n'est que dans la seconde partie que l'on fait rendre raison de ce qu'on n'a d'abord apris que par routine.

Dans les Méthodes ordinaires, on aprend le Latin à peu près comme feroit un homme, qui pour aprendre à parler à un enfant, commenceroit par lui montrer la Mécanique des organes de la parole.

Pour moi j'aprens d'abord à parler, en disant simplement, dites un tel mot, & ensuite j'examine la Méchanique de la parole.

Au reste je n'ai pas dessein de m'ériger ici en Réformateur, & encore moins en Critique ; & si je parle quelquefois de la Méthode ordinaire, ce n'est qu'autant qu'il en faut pour expliquer celle, dont je puis prouver que je me suis servi avec succès, laissant aux autres, comme il me convient, pleine liberté d'agir autrement.

PREMIERE PARTIE.

De la Routine.

POur sçavoir la Langue Latine, on doit aprendre :

1°. La signification des mots latins.

2°. L'inversion latine ou transposition des mots qui ne sont pas placez dans l'ordre naturel que l'on suit en françois.

3°. Les Ellipses, c'est-à-dire les expressions où il y a des mots sous-entendus.

4°. Enfin les Latinismes, ou façons de parler, qui sont particuliéres à la Langue Latine.

Voici la route que je fais suivre pour surmonter sans peine ces quatre sortes de difficultez.

§. I.

De la signification des mots.

A l'égard de la signification des mots, je ne sçai pourquoi on n'employe pas les premiéres années à les aprendre ; car après tout, sçavoir une Langue, c'est en entendre les mots. Les enfans ont de la mémoire, & cette étude ne demande aucune application ; ainsi c'est par là que je crois devoir commencer.

Je fais d'abord aprendre aux enfans les mots latins de toutes les choses sensibles qui frapent leur imagination, *le feu, le pain, &c.*

Les enfans sont ravis d'aprendre ces mots, & qu'on les leur demande ; d'où il résulte deux grands avantages, le premier, la science des mots latins ; & le second, une provision d'idées & de connoissances.

Cette provision d'idées doit être un des principaux objets de l'éducation ; c'est dans cette vûe que j'ai composé un petit Traité à la portée des enfans pour leur donner une idée de la Nature, des Arts & des Sciences, & j'espére leur en rendre la lecture plus utile & plus amusante par le secours des figures.

Je sçai bien que ce dessein a été exécuté en quelque maniére par le P. Pomey dans son *Indiculus universalis :* mais il n'y a que des mots dans ce Livre, & souvent fort impropres. Avant lui, Commene Auteur du *Janua Linguarum* avoit eu aussi une idée semblable, & plus vaste ; mais il y a bien des fautes dans son Livre &

Ce Livre de Commene a pour titre : *Orbis sensualium*, Noriberga 1666.

pour les mots & pour les choses. Quoique le Livre de Commene, tel qu'il est, soit bien plus à la portée des enfans que le Songe de Scipion, ou ses Paradoxes, &c. qui supposent des idées que les enfans n'ont point encore acquises.

Un Auteur moderne l'avoit fait imprimer sous le titre de Speculum natura & artis.

Je fais copier les mots de ce Traité à ceux qui sont dans l'âge d'aprendre à écrire. L'écriture est un point capital qu'on ne doit pas négliger. Les grands Maîtres en éducation ont toujours conseillé de faire beaucoup écrire. L'écriture n'est qu'une affaire d'habitude qui se contracte aussi-bien en copiant des mots latins, dont on aprend la signification, qu'en écrivant *Commis*, ou *Romorantin*.

C'est dans la même vûë que je fais copier tous les jours quelques lignes d'un Recueil, où tous les Verbes latins sont écrits en quatre colonnes par ordre alphabétique.

Amáre, amo, amávi, amátum.
aimer.

Ils apprennent par cet exercice les Prétérits & les Supins. Les régles latines ou françoises qu'on en donne, m'ont toujours paru fort pénibles & fort inutiles. C'est l'usage seul qui aprend les Prétérits & les Supins. J'en appelle à tous les Sçavans qui ne font point le métier d'enseigner, il n'y en a pas un qui n'ait oublié la régle, & qui ne se ressouvienne de la plûpart des Prétérits & des Supins; l'usage les a gravez dans leur esprit. J'ai observé qu'il faut plus de temps pour aprendre la régle que pour aprendre les verbes qu'on veut qu'elle explique. Je fais lire le soir & le matin ce qu'on a copié du Recueil dont je viens de parler, & en peu de temps tous les verbes sont apris avec leur signification. Ce qui est une avance très-considérable; car il ne sçauroit y avoir de proposition sans un verbe exprimé ou sous-entendu, ainsi on est bien-tôt parvenu au point de ne pouvoir tomber sur aucune phrase latine dont on n'entende le verbe, c'est-à-dire le mot principal.

Tous ces mots se doivent graver dans l'esprit par une répétition sagement conduite. On doit faire aprendre peu de mots par jour, plus ou moins selon la portée de chaque mémoire particuliere; & lorsque dans les répétitions on s'apperçoit qu'ils cherchent les mots qu'on leur demande, on doit se hâter de les prévenir, pour ne point forcer leur mémoire C'est toujours un usage réitéré qui retrace le mot dans l'esprit, & qui écarte le dégoût qui est le plus grand de tous les obstacles, & qui n'est ordinairement causé que par la contention d'esprit.

On fait aussi aprendre quelques phrases qui entrent dans la conversation, ce qui donne un goût infini aux enfans pour le Latin. Ils aiment à faire parade de ces mots & de ces phrases, leur amour propre se trouve flatté, & c'est une passion, dont on peut faire un fort bon usage.

Il est vrai que c'est principalement par la lecture des anciens Auteurs que vient l'abondance des mots latins : mais les enfans ne sont pas en état de les lire ; & c'est pour les y disposer que je leur fais d'abord aprendre des mots latins qui leur plaisent, & qui ne demandent point l'aplication qu'exige une lecture suivie : de sorte que quand dans la suite ils viennent à lire, ils ne sont pas exposez au dégoût qu'éprouvent ceux qui sont obligez de chercher tous les mots de leur Auteur. Le plaisir qu'ils trouvent à rencontrer des mots de leur connoissance, les flatte, & les fait lire avec moins de peine & plus long-temps.

On ne doit pas non plus négliger de faire observer les mots racines, quand on en trouve en son chemin, les étimologies servent à faire entendre la force des mots, & à les retenir par la liaison qui se trouve entre le mot primitf & les mots dérivez : de plus elles donnent de la justesse dans le choix de l'expression.

Je me sers pour cela du petit Dictionnaire de M. Danet, où les mots sont rangez par racines. Ce Livre est presque inconnu, & n'a point eu de succès, parcequ'on n'en fait aucun usage dans les Colléges, il est pourtant fort utile pour fixer les mots dans l'esprit ; par exemple sur *amo*, il remarque

Amor, oris,	amatrix.
Amator, oris,	amatoriè.
Amicus,	amabilis.
Amica,	amabiliter.
Amicè,	amicitia. &c.

<small>Rapports de la Langue Latine, à Paris 1672.</small> Il y a aussi un petit Livre qui n'a pas eu plus de cours, où l'Auteur a rangé de suite les mots latins qui deviennent françois par l'addition, par le retranchement, & par le changement de quelque lettre, comme Actio, *action*, Ænigma, *Enigme*, &c.

Je sçai bien que ces petites observations se font assez toutes seules, & que les enfans ne sont guéres embarrassez à <small>Moliere t. 4.</small> ces sortes de mots. *Lubin* dans *George Dandin* entend que *Collegium* veut dire un Collége. Cependant cette pratique peut être utile, si elle est bien ménagée; elle dispense de la peine que l'on prendroit pour chercher comment *Enigme* se dit en latin, si l'on ne sçavoit pas qu'on en est quitte pour le changement d'une lettre.

Je fais aussi écrire dans un cayer à part les mots que je m'apperçois qu'ils ont oubliez, & ceux dont la signification est plus difficile à retenir.

§. II.

De l'inversion.

A l'égard de l'inversion latine, c'est ce qui donne le plus de peine aux jeunes gens. Ils sont accoutumez à rendre leurs pensées, & à entendre celles des autres, selon l'ordre naturel que la Langue Françoise suit presque toujours ; ainsi quand cet ordre est renversé, ils ne conçoivent point le sens de la phrase, lors même qu'ils entendent la signification de tous les mots.

L'arrangement des mots françois fait entendre en quel sens ils sont pris, au lieu qu'en latin, c'est la terminaison des mots qui détermine le rapport, sous lequel le mot doit être considéré.

Le Roy aime le peuple : cela fait un sens. Si vous changez les mots de place, & que vous disiez, *le peuple aime le Roy*, cela fera un autre sens en françois ; au lieu qu'en latin il est indifférent de placer le peuple, ou le Roy avant ou après le verbe ; mais la terminaison sera différente, & par là on reconnoîtra celui qui aime, ou celui qui est aimé. C'est pourquoi les noms françois ne se déclinent point, c'est-à-dire ont toujours la même terminaison ; leur place encore un coup & les prépositions en règlent le sens.

En latin les mots changent de terminaison pour marquer les différens rapports, sous lesquels on considère un même mot : c'est ce qui fait qu'en latin les mots se trouvent souvent fort éloignez de leur régime naturel.

La Méthode ordinaire rebute les commençans en les obligeant d'expliquer les Auteurs Latins avec leurs inversions. Le Disciple n'est point accoutumé à connoître le sens d'un mot par la seule terminaison ; ainsi il ne sçauroit démêler au milieu d'une page le mot qu'il doit prononcer le premier. J'en appelle encore à l'expérience, un jour se passe à expliquer dix ou douze petites lignes, & on les oublie le lendemain. L'organe, pour ainsi dire de la raison, n'est pas plus proportionné pour cet exercice dans les enfans, que le sont leurs bras pour élever de certains fardeaux.

L'opération de ranger les mots dans leur ordre naturel au milieu des inversions latines, demande une contention d'esprit qui fait une véritable peine à leur cerveau, & par conséquent qui les rebute; ce n'est que dans un âge avancé qu'ils peuvent soutenir cette contention, & après qu'à force d'usage ils ont contracté l'habitude de sentir la place du mot latin par sa seule terminaison.

C'est pour faire plutôt contracter cette habitude, & pour mettre à profit leurs premieres années, temps si favorable aux provisions, que je retranche toute la difficulté, en faisant expliquer les Auteurs rangez selon la construction simple, & sans aucune inversion.

Je commence par un Catéchisme Latin: 2. par un abrégé de la Fable; 3. & enfin par l'abrégé dont j'ai parlé de la Nature, de l'Art, & des Sciences.

Les mots sont rangez dans l'ordre naturel, & sous chaque mot latin il y a le mot françois qui lui répond écrit en lettre italique:

Boni		odérunt
Les gens de bien		ont conçû de l'aversion
peccáre	præ	amóre
de mal faire	à cause de	l'amour
virtútis.		
de la vertu.		

Horat. l. 1. Epist. 16.

De cette sorte le jeune Disciple lie si bien l'image du mot françois avec le mot latin, qu'il ne sçauroit plus entendre prononcer l'un, sans songer à l'autre. C'est le propre des idées accessoires, que l'une ne soit point réveillée sans exciter celle qui a été produite dans le même temps. On fait ensuite expliquer le même latin dans un cahier de répétition, c'est à dire où il n'y a point de françois.

Il ne s'agit point encore ici de demander en quel cas est un nom, ou en quel temps est un verbe; on aprend simplement d'abord la signification des mots tels qu'ils sont, *amavi*, j'ai aimé.

On ne sçauroit croire avec quelle facilité & avec quel goût les enfans expliquent dans cet arrangement : comme ils expliquent, & qu'ils n'ont aucune idée des questions qu'on peut leur faire sur les mots qu'ils entendent, ils croyent déja sçavoir le latin. Semblables à de jeunes Académistes, à qui on ne fait d'abord monter que des chevaux qui ne fe défendent point, ils fe croyent habiles après huit jours d'exercice, ce n'eft que lorfqu'ils commencent à le devenir, qu'ils reconnoiffent qu'ils ne le font point.

Dans les explications ordinaires les enfans ont bien de l'ouvrage à la fois : car fans parler du fens de leur Auteur où ils ne comprennent jamais rien, il faut,

1. Qu'ils retiennent la fignification des mots latins.

2. Leur arrangement naturel ; car on fait, comme on dit, la conftruction.

3. Enfin le tour françois qui répond au latin ; & tout cela doit être retenu de mémoire. Comment veut-on qu'ils ne foient point accablez ?

Par la méthode dont je me fers ils n'ont qu'une feule chofe à faire, c'eft de retenir la fimple fignification des mots latins, & cela fans peine, parcequ'ils lifent, & que leur imagination eft foutenuë par le caractere différent.

D'ailleurs comme l'explication eft écrite, chacun fe fait répéter à foi-même autant de fois que cela convient à fa mémoire. Ainfi outre que l'on retient avec bien plus de facilité ce que l'on voit, que ce qu'on entend, on a toujours avec foi fon Maître qui donne l'explication du mot que l'on avoit oublié, & toujours d'une maniere uniforme. Au lieu que lorsque l'on entend expliquer simplement de la voix, & souvent de différente façon, il n'y a que ceux qui ont autant de mémoire que d'attention qui puissent retenir ce qu'on explique.

De la Traduction litterale.

Au reste, le françois qui répond aux mots latins, est un françois latinisé ; je veux dire que le mot françois explique le mot latin dans sa signification littérale aussi exactement qu'il est possible : par exemple,

Cato, *Caton*: attulit, *porta* : sibi, *à soi* : manus, *des mains* : violentas, *violentes* ;

& non pas, *il se tua*, ou *se donna la mort*.

Il arrive de-là que lorsque les enfans retrouvent les mêmes mots dans d'autres phrases, ils en sçavent la signification, & de plus ils aprennent les façons de parler latines selon leur expression originale.

Cette maniere d'expliquer n'est peut-être pas si aisée pour le Maître, qu'elle le paroît à la premiere vûë ; mais elle donne en peu de temps au Disciple une connoissance facile & profonde de la Langue Latine.

Je sçai bien que cette traduction littérale fait d'abord de la peine à ceux qui n'en connoissent point le motif ; ils ne voyent pas que le but que l'on se propose dans cette maniere de traduire n'est que de montrer comment on parloit latin, ce qui ne peut se faire qu'en expliquant chaque mot latin par le mot françois qui lui répond.

Dès les premieres années de notre enfance nous lions certaines idées à certaines impressions, l'habitude confirme cette liaison. Les esprits animaux prennent une route déterminée pour chaque idée particuliere, de sorte que lorsqu'on veut dans la suite exciter la même idée d'une maniere différente, on cause dans le cerveau un mouvement contraire à celui auquel il est accoutumé, & ce mouvement excite ou de la surprise ou de la risée, & quelquefois même de la douleur ; c'est pourquoi chaque peuple différent trouve extraordinaire l'habillement ou le langage d'un autre peuple. On rit à Florence de la maniere dont un François prononce le Latin ou l'Italien, & l'on se moque à Paris de la prononciation du Florentin. De même la plûpart de ceux qui entendent traduire *pater ejus*, le pere de lui, au lieu de *son pere*, sont d'abord portez à se moquer de la traduction.

Cependant comme la maniere la plus

courte pour faire entendre la façon de s'habiller des Etrangers, c'est de faire voir leurs habits tels qu'ils sont, & non pas d'habiller un Etranger à la Françoise ; de même la meilleure méthode pour apprendre les Langues étrangeres, c'est de s'instruire du tour original, ce qu'on ne peut faire que par la traduction littérale.

Si vous apprenez l'Italien, par exemple, vous ne le sçaurez jamais parfaitement en ne voyant que des traductions dans lesquelles le tour italien est rendu par le tour françois. Je vais faire connoître ceci par des exemples tirez des Proverbes.

Non destare il can che dorme ; le François, c'est, *N'éveillez pas le chat qui dort* ; mais mot à mot *ne point éveiller le chien qui dort*.

La fiamma è vicina al fuoco, le feu ne va pas sans fumée, mot à mot, *la flamme est voisine de la fumée*.

E un voler dar pugni alla Luna, C'est vouloir prendre la Lune avec les dents ; mot à mot, *c'est un vouloir donner un coup de poing à la Lune*.

Perdere l'acqua e'l sapone, perdre son temps & sa peine ; mot à mot, *perdre l'eau & le savon*.

Qui négligeroit la traduction litterale dans tous ces exemples, pourroit-il se flater

ter de bien aprendre l'Italien ? il en est de même dans toutes les Langues.

Les habiles Maîtres dans leurs leçons de vive voix suivent la traduction littérale ; mais personne que je sçache n'en a osé publier aucune : l'amour propre leur a fait craindre de passer pour barbares dans l'esprit de ceux qui ne sont pas instruits, & j'avouë que c'est le grand nombre ; mais je surmonte sans peine ce préjugé frivole, afin de faciliter les répétitions aux jeunes gens, & de leur donner une connoissance plus parfaite du Latin.

Il n'y a pas lieu de craindre que cette façon d'expliquer aprenne à mal parler François.

1°. Plus on a l'esprit juste & net, mieux on écrit & mieux on parle : or il n'y a rien qui soit plus propre à donner aux jeunes gens de la netteté & de la justesse d'esprit que de les exercer à la traduction littérale, parcequ'elle oblige à la précision, à la propriété des termes, & à une certaine exactitude qui empêche l'esprit de s'égarer à des idées étrangeres.

2°. La traduction littérale fait sentir la différence des deux Langues. Plus le tour latin est éloigné du tour françois, moins on doit craindre qu'on l'imite dans le discours. Elle fait connoître le génie de la Langue Latine, enſuite l'uſage mieux que le Maître, aprend le tour de la Langue Françoiſe.

3°. D'ailleurs on ne fait dire le mot françois qu'après le mot latin ; ainſi le mauvais tour françois étant interrompu & lié au latin, il n'eſt pas poſſible qu'il ſoit porté dans la converſation ordinaire.

4°. Enfin la traduction en général ſe fait dans deux vûës différentes.

1°. On traduit pour faire entendre un Auteur à ceux qui en ignorent la langue originale : alors la traduction littérale des termes de l'Auteur ſeroit ridicule.

Le Traducteur doit parler ſa propre langue, & non pas celle de ſon Auteur, parcequ'il ne parle qu'à des perſonnes de ſa nation ; ainſi il doit rendre les expreſſions particuliéres de l'original par d'autres expreſſions particuliéres de ſa propre langue : en un mot, il doit parler comme l'Auteur auroit parlé, s'il avoit écrit en la langue du Traducteur.

2°. Mais lorſque l'on traduit pour aprendre ſoi-même la langue de l'Auteur, il eſt évident que l'on ne parviendra jamais bien au but que l'on ſe propoſe, ſi l'on ne ſe donne la peine d'aprendre la ſignification propre des mots & le tour particulier des façons de parler de l'original : or le moyen le plus facile pour en venir là, c'est la traduction littérale, & ce n'est même qu'en ce point qu'elle consiste.

Ainsi celui qui traduit Térence pour aprendre la Langue Latine, doit traduire cette expression d'un esclave : *Isthæc in me cudetur faba* : Cette féve sera batuë sur moi. Mais celui qui nous en donne la traduction pour le faire entendre à ceux qui ne sçavent pas le Latin, doit faire parler Térence comme Moliére : *Ce sera aux dépens de mon dos.* {Fourberies de Scapin. Acte 3. sc. 1.}

C'est uniquement le plus ou le moins de génie & d'imagination du Traducteur, qui rend cette traduction plus ou moins élégante; elle est pour ainsi dire l'ouvrage du talent & de l'instinct; & toutes les régles dont quelques Auteurs ont fait des Volumes pour enseigner cette maniere de traduire, ne sont que tourment & affliction d'esprit, & ne conduisent qu'à une pénible sécheresse.

Ainsi c'est à la Traduction littérale que l'on doit s'attacher d'abord pour aprendre la Langue Latine, & pour comprendre le sens de l'Auteur; la science de votre propre langue, qui s'acquiert par la lecture & la bonne conversation, vous conduira ensuite à l'autre sorte de traduction autant que vous en serez capable.

Mais pour revenir à l'inverſion, je ſçai bien qu'il y a de fort habiles Maîtres qui en diminuent l'embaras en mettant des chiffres ou d'autres ſignes ſur les mots latins. Mais je ne ſçaurois aprouver cette méthode; les enfans ne ſongent qu'à chercher les ſignes, & non pas à concevoir ou à ſentir le raport des mots: l'imagination toute ſeule eſt ocupée, ils n'agiſſent que mécaniquement, & leur eſprit ne ſe dreſſe point à comprendre, ils éblouiſſent ceux qui ne font que les entendre, mais non pas ceux qui ſçavent ſonder le dégré de ſçavoir de leur eſprit.

§. III.

Des Ellipſes.

Pour ce qui regarde les Ellipſes, c'eſt à dire les mots ſous-entendus, je les exprime tous dans les premiers cahiers que je fais lire. J'ai réduit tout Térence dans cette conſtruction ſimple, exprimant par tout tous les mots ſous-entendus, & donnant toujours une prépoſition à quelqu'ablatif que ce puiſſe être: *Sofia adeſdum paucis te volo*, eſt rangé de cette ſorte, *ô ſoſià adeſdum volo álloqui te cum paucis verbis*... *Menédemi vicem miſeret me*, ſe lit ainſi: *Miſerátio tenet me propter vicem Menedémi.*

La conduite que je tiens à cet égard est un des points de cette Méthode qui me sera peut-être le plus contesté par ceux qui ne sont que médiocrement instruits. Mais comme lorsque l'on parle au Public on doit toujours croire parler à des personnes raisonnables, je supplie le Lecteur de vouloir bien se donner la peine d'entrer ici dans mes raisons, & de pénétrer aussi-bien que moi les motifs qui me font garder cette conduite.

Si j'ajoûtois ces mots de mon propre génie, pour faire une langue selon mes idées, je ne mériterois aucune attention ; mais je ne suplée un mot latin dans un passage où il manque, que parcequ'il est exprimé dans un autre tout pareil, & dans le même sens : ainsi j'explique la Langue Latine par la Langue Latine même, & par conséquent dans ses véritables principes.

Le langage n'est que l'expression de la pensée, il y a essentiellement dans le discours, de quelqu'assemblage de sons dont il puisse être composé, un certain ordre qui a été dans l'esprit de celui qui a parlé, & auquel son discours peut toujours être réduit. Le besoin ou la commodité d'abreger, & plus encore l'empressement de l'imagination à rendre ses pensées, ont fait dire en un mot ce qui se disoit ou se pouvoit dire en plusieurs. *Pœnitet me peccáti*; c'est la même chose selon les anciens Grammairiens que si l'on disoit : *Pœna peccáti tenet*, ou, *habet me*. Comme on dit en François, *Le mal me prend*, *L'envie me prend*, *Le sommeil me prend*, &c.

C'est pourquoi les régles de la construction raisonnée sont très-simples, & conviennent essentiellement à toutes les Langues, qui ne différent entre elles que par ce qu'il y a d'arbitraire.

Tout ceci se réduit donc à sçavoir si les mots que je suplée sont véritablement sous-entendus ; par exemple, au lieu de dire *manet Lutétiæ*, je fais lire aux commençans *manet in urbe Lutétiæ*. Or il est certain que ces deux mots *in urbe* sont véritablement sous-entendus, puisqu'on les trouve exprimez dans tous les bons Auteurs, & que d'ailleurs nous sçavons par les autres génitifs de la Langue Latine, que ce cas ne dépend jamais que d'un autre substantif qui le précéde ; ainsi *Lutétiæ* n'est au génitif que par cette raison, & la régle de la question *ubi* n'est qu'une chimére.

Il en est de même des prépositions que j'exprime par tout, comme dans les ablatifs qu'on apelle communément absolus.

Imperánte Cǽsare Augústo ; j'ajoûte la préposition *sub*, parcequ'on la trouve souvent exprimée, comme nous disons en François, *Sous l'Empire d'Auguste.*

Tout changement supose une cause aussi bien dans la Grammaire que dans la Physique. C'est une régle invariable de la nature : or puisque ces mots ont changé leur simple dénomination pour prendre la terminaison de l'ablatif, il faut qu'il y ait une raison de ce changement ; & comme nous voyons par tant d'autres exemples que l'ablatif est le cas naturel de la préposition, nous sommes fondez à la supléer.

Je ne dissimulerai point une objection qui m'a été faite ; on m'a dit qu'en supléant des prépositions devant ces ablatifs, & devant les mots de temps & de maniere, je faisois de ces fautes qu'on apelle solécismes, parceque c'est une régle de mettre simplement ces mots à l'ablatif.

Sans examiner l'autorité de cette régle, & si les bons Auteurs l'ont toujours suivie, je répons que l'empressement que nous avons tous à faire connoître nos pensées dans le discours, a introduit l'usage d'abréger les expressions qui reviennent souvent. Cet usage est reçû dans toutes les Langues, parceque la raison en est la même par tout. J'en pourrois donner plusieurs exemples en françois même où les ellipses sont le moins reçues. Il y a plusieurs occasions où nous retranchons la préposition devant les mots de temps ou de maniere comme en latin. Mais il ne s'ensuit pas de-là que dans l'une ou dans l'autre Langue ces mots soient mis à l'ablatif par quelque régime particulier différent de celui de la préposition. Les prépositions exprimées nous découvrent celles qui sont sous-entenduës, *Je reviendrai dans deux ans*, &, *je reviendrai l'année prochaine*, sont au même régime. Le premier exemple fait connoître qu'au second *l'année prochaine*, est régi par la préposition *dans* qu'il faut sous-entendre.

Ainsi quand dans les premiers cahiers que je fais lire j'exprime en latin les prépositions où je sçai bien que l'usage les a retranchées, ce n'est que pour faire connoître d'abord le vrai régime de ces ablatifs, & donner la raison de l'expression. Je ne manque pas dans la suite de faire observer les occasions où l'usage a voulu que ces prépositions fussent suprimées; cette conduite n'induit personne en erreur; au contraire elle éclaire l'esprit, & lui épargne bien de la peine, parcequ'elle réduit tout à une régle uniforme & présente, toujours le latin dans le même ordre.

Le fameux Sanctius & plusieurs autres Grammairiens ont reconnu tous ces mots sous-entendus, je ne fais que les suivre. Messieurs de Port-Royal dans leur sçavante Méthode Latine, réduisent après ces Auteurs les expressions abrégées à la construction simple : je ne prétens point à la gloire de l'invention pour le fonds, & par cela même je me trouve plus autorisé.

Mais les uns & les autres de ces Auteurs n'ont point mis ces Remarques à la portée des commençans, c'est en petit caractére qu'elles sont écrites dans la nouvelle Méthode de P. R. elles ne sont adressées qu'aux Maîtres *, jusqu'ici on n'en a point fait usage pour les Disciples.

Pour moi j'imite la conduite de l'Apôtre, *Lac vobis potum dedi non escam*, ce sont les enfans qui ont le plus besoin de simplicité ; ainsi je ne leur présente d'abord le latin que dans sa simplicité naturelle, & pour ainsi dire dans son enfance, ils se trouveront ensemble dans un âge plus avancé.

L'expérience m'a fait connoître que cette Méthode avoit de très-grands avantages.

* Ayant fait imprimer en autre lettre les Avertissemens & les Remarques qui ne sont pas pour les enfans, mais pour ceux qui les instruisent. Nouv. Meth. de P. R. Préface.

1. Cor. c. 3.

Elle donne beaucoup de justesse d'esprit, parcequ'elle accoutume les enfans à mettre de l'ordre & de la netteté dans leurs pensées, il n'y a jamais de proposition tronquée, ils en voyent toujours le sujet, le verbe l'attribut & toutes les circonstances.

Il y a trois objets principaux qu'on ne doit jamais perdre de vûë dans l'éducation des enfans ; leur santé, leurs sentimens, & leur esprit. Il ne s'agit pas ici des deux premiers, le dernier est le seul qui puisse entrer dans le sujet dont nous parlons. Je suis persuadé que les personnes de bon sens qui auront quelqu'expérience conviendront facilement avec moi que de donner un latin suivi, selon l'ordre naturel des pensées, en évitant la torture que donnent à l'esprit les inversions & les mots sous-entendus, est un moyen efficace pour accoutumer l'esprit d'un jeune homme à ne rien concevoir qu'avec netteté, & à n'être pas la dupe d'un équivoque.

Ce ne sont point les régles de la Logique qui donnent de la justesse à l'esprit, tous les hommes ne conviennent-ils pas des mêmes principes ? c'est uniquement l'aplication assiduë de ces régles qui rend l'esprit juste, & qui coûte le plus. Or toute la pratique que je fais suivre n'est qu'une aplication continuelle des régles d'une saine Dialectique.

Mais indépendamment de cet avantage que je compte pourtant pour beaucoup, cette Méthode porte la lumiere dans tous les endroits difficiles des Auteurs que les enfans liront dans la suite tels qu'ils sont; comme ils ont été accoutumez à tout exprimer, ils supléent avec une extréme facilité ce qui se trouve sousentendu dans les Auteurs, ils font sans peine ce qu'on apelle construction.

Quand ils entrent dans la lecture de ces Auteurs, ils entendent presque tous les mots latins, ils sçavent, ne fût-ce que par sentiment, l'ordre des pensées & la place du mot par sa terminaison, & ils jugent par imitation de ce qu'il faut supléer; de sorte qu'il n'y a plus que des allusions à des usages anciens, ou à des faits historiques ou fabuleux qui puissent les embarasser dans la lecture des Auteurs Latins.

§. IV.

Des façons de Parler, ou des Latinismes.

Les passions des hommes & leur imagination se trouvent essentiellement dans toutes les nations ; mais dans cette uniformité générale il y a une varieté infinie dans la route que les paſſions prennent pour ſe ſatisfaire, & dans le tour que l'imagination ſuit pour s'exprimer. Quand le feu prend à une maiſon en quelque lieu du monde que ce puiſſe être, on en eſt agité, & l'on ſonge à s'en garantir ; voilà l'uniformité. Mais les uns crient au feu, comme en France, & les autres crient à l'eau, comme on faiſoit dans l'ancien pays latin, *clamare aquas*; (Properce) voilà la varieté.

Il en eſt de même de la morale des Proverbes, elle eſt la même par tout ; mais elle eſt repréſentée ſous des images différentes.

Ce qui fait voir en paſſant combien eſt fauſſe la remarque de ceux qui prétendent que certaines coutumes & certaines opinions ne ſont établies que parcequ'elles ont été ſuivies par des peuples plus anciens. C'eſt dans l'uniformité des paſſions ou de l'imagination humaine, & dans la varieté des routes qu'elles ſuivent pour ſe produire que l'on doit puiſer la ſource de preſque tous les uſages. Nous chantons, parceque telle eſt la diſpoſition de nos organes, & non pas parceque les Egyptiens ou les Grecs ont chanté ; & ſi le peuple croit les esprits folets & les lou-garoux, ce n'est pas parceque les anciens avoient des empuses & des lémures; mais parceque l'imagination humaine est construite de telle sorte, qu'elle a aimé dans tous les siécles les fantômes & le merveilleux.

Les différens tours que les peuples différens ont pris pour s'exprimer sont soumis à ces deux régles souveraines d'uniformité & de varieté; il y a uniformité dans l'essentiel de la pensée, & varieté dans le tour & dans l'expression.

Tous les hommes du monde qui penseront que Dieu a créé le ciel & la terre, regarderont *Dieu* comme agent, & *le ciel & la terre* comme patient, ou terme de l'action de Dieu; voilà l'uniformité. Mais ils se serviront de sons différens pour exprimer le nom de Dieu & le nom du ciel & de la terre; ils marqueront encore d'une maniére différente le raport sous lequel ils regardent Dieu en cette occasion, & le raport sous lequel ils considérent le ciel & la terre; voilà la varieté.

La nature a fait l'homme pensant, & lui a donné des organes avec lesquels il peut rendre des sons pour faire connoître ce qu'il pense. La même pensée sera la même par tout; mais les différentes circonstances des pays différens, & le peu de commerce qu'il y a entre les nations, ont fait donner des modifications différentes aux sons qui servent à faire connoître cette pensée.

Toutes les façons de parler latines s'aprennent facilement, & dans leurs véritables principes, par la Méthode de la traduction littérale, & par le suplément des mots sous-entendus. Par exemple, *Quanti emisti? Tanti* se trouve de cette sorte. *Pro prètio quanti æris emisti ? Emi pro prètio tanti æris.* On sçait que la premiere monoye des Romains étoit de cuivre & de différent poids ; dans la suite le mot *æs* a été employé pour marquer en général de la monoye.

C'est ainsi que tous les Latinismes se trouvent expliquez dans le cours de la traduction, sans qu'on s'en aperçoive, & sans faire d'autre régle que celle de la construction simple. Par là s'évanouïssent toutes les régles & les exceptions des Méthodes ordinaires, ce qu'on apelle *Que retranché* particule *on*, & autres fantômes qui font tant de peine aux enfans, qui les fatiguent sans les éclairer, & qu'on oublie dès qu'on devient raisonnable, parceque ces régles prétenduës n'ont aucun fondement dans la nature, quoiqu'on les honore du nom de Principes.

Il seroit à souhaiter que les Auteurs de Dictionnaires eussent travaillé selon cette idée, ils se seroient épargné bien des remarques ou fausses ou inutiles, & auroient éclairci bien des passages qu'ils laissent dans les ténébres.

Cette méthode d'expliquer les Auteurs en supléant tous les mots sous-entendus, & en rangeant leurs propres termes dans l'ordre naturel, est bien plus facile & bien plus utile pour les commençans que celle qu'ont suivi ceux qui se sont donné la peine de traduire les Auteurs Latins dans d'autres expressions latines. C'est suposer que l'on sçait ce qu'on veut aprendre; c'est donner deux Auteurs pour un, c'est à dire doubler les difficultez.

D'ailleurs comme à parler exactement il n'y a point de terme synonime dans une même langue, si les mots dont Virgile s'est servi sont les mots propres, on doit conclure que ceux de son translateur latin ne le sont pas.

Conclusion de cette premiere Partie.

Voilà ce que j'entends par la Routine; c'est qu'avant que de parler de Déclinaisons, de Conjugaisons & de Syntaxe, je les fais connoître par instinct, en faisant aprendre des mots latins, quelques phrases, & sur-tout expliquer littéralement un latin rangé selon la construction simple, & sans aucun mot sous-entendu.

Le Disciple aprend lui-même cette explication par la lecture : on ne sçait bien que ce que l'on aprend soi-même. Les Maîtres ne servent que pour régler les études, donner les éclaircissemens, & faire les répétitions.

Les premiers commencemens de la Langue Latine sont ordinairement bien pénibles pour les Maîtres & pour les Disciples. La Routine que je propose épargnera bien de la fatigue aux uns & bien des larmes aux autres.

Au reste je ne prescris point de temps pour la durée de cette Routine, on doit y exercer les jeunes gens plus ou moins long-temps selon l'ouverture de leur esprit, & jusqu'à ce qu'on s'aperçoive qu'ils reconnoissent le sens d'un mot à sa terminaison. Qu'on ne croye point abréger en les tirant bien-tôt de cet exercice, j'ai éprouvé au contraire que c'est abréger que de les y tenir long-temps ; c'est toujours multiplier les provisions, & différer à un âge plus convenable l'aplication que les régles de la Syntaxe demandent.

J'ai

J'ai dit en commençant que cette routine étoit une imitation de la maniere dont on aprend les Langues vivantes. Les Négocians des Villes maritimes & des Villes frontiéres font des échanges de leurs enfans, afin qu'ils aprennent réciproquement la langue voisine; & ces enfans qui n'ont d'autre maître que l'usage, sçavent en six mois beaucoup plus de mots & de façons de parler de la langue du pays où ils ont été transplantez, que ne sçavent de latin ceux qui l'ont étudié pendant plusieurs années par la méthode ordinaire.

Je propose une routine semblable à l'usage de ces enfans, & peut-être plus exacte & plus facile, parcequ'on a toujours avec soi son interprete, c'est-à-dire les cahiers dans lesquels les Auteurs avec qui nos enfans conversent, sont expliquez littéralement.

La Grammaire n'est venuë que long-temps après le langage. L'usage a établi les Langues, & ensuite les Grammairiens ont fait leurs réfléxions. Ainsi c'est imiter la nature que de commencer par l'usage.

Je finirai cette prémiere Partie par cette derniere observation. Il n'y a peut-être pas dans le monde entier un enfant de quatre à cinq ans qui ne fasse accorder l'adjectif avec le substantif dans sa langue naturelle : cependant on est plusieurs années selon les méthodes ordinaires, où dans un âge bien plus avancé on fait tous les jours des fautes contre cette regle si simple. La raison en est bien aisée, c'est que l'on commence par la spéculation, & peut-être par une spéculation où les enfans ne comprennent rien; on n'entend à cet âge que par sentiment & par habitude. Faites précéder l'habitude, & ils diront aussi peu *Deus est bona*, qu'ils disent *Dieu est bonne*.

Je pourrois ajoûter bien des autoritez, & entre autres celle de M. Locke dans son Traité de l'Education des Enfans, pour justifier ce que je dis ici, que la routine doit précéder les régles; mais dans une affaire qui est du ressort du bon sens, & qu'on peut justifier par des expériences, les autoritez sont inutiles.

SECONDE PARTIE.

De la Grammaire raisonnée.

APRE's que nos jeunes Eléves se sont exercez dans la routine qu'on vient d'expliquer, on leur aprend le Mécanisme de la construction, en faisant pour ainsi dire l'Anatomie de toutes les Phrases, & en leur donnant une idée juste de toutes les parties du Discours, selon les principes de la Grammaire raisonnée.

Ceux qui disent que le nom substantif est celui devant lequel on peut mettre *le* ou *la*, n'en donnent point une idée qui soit prise du fonds des choses, & par conséquent ne suivent point la Grammaire raisonnée, selon laquelle il faudroit dire que le nom substantif est un mot qui signifie une substance, ou quelque chose qui est regardée comme subsistant.

Nos Eléves aprennent la Grammaire selon cette idée. On leur explique toutes les parties du Discours, le nom, le verbe, &c. On leur fait connoître la raison des cas ; le nominatif, c'est lorsque l'on nomme le sujet de la proposition ; l'accusatif est le cas où l'on met ce qui est le terme ou l'objet de l'action que le verbe signifie, &c. & voilà toute la Syntaxe. Ce n'est point le verbe qui gouverne les cas, c'est le sens.

Or j'espére faire voir dans ce discours que cette méthode est à la portée des jeunes gens qui ont passé par notre routine, & que la méthode ordinaire demande beaucoup plus d'attention & de contention d'esprit.

§. I.

La Grammaire raisonnée est à la portée des jeunes gens qui ont passé par la routine.

La raison des enfans est de même nature que la nôtre, & peut-être a-t-elle l'avantage de n'avoir encore été corrompuë que par un petit nombre de préjugez. Mais elle n'a point encore la force de comprendre ce qu'on entend dans un âge avancé, soit par le petit nombre des idées qu'ils ont acquises, soit par le peu de consistance de leur cerveau.

Si l'on veut se donner la peine de bien considérer ces deux principes, on conviendra qu'il n'y a que deux sortes de raisonnemens qui ne soient point à la portée des enfans.

I. Les raisonnemens qui supofent des idées qu'ils n'ont point aquifes, ou sur lesquelles on n'a pas pris la précaution de les faire réfléchir. Quand une idée nouvelle se préfente, & que cette idée est de l'espéce de celles qui supofent une impreffion déja formée dans le cerveau, si cette impreffion antérieure n'est point faite, c'est en vain que l'on se tourmente pour faire comprendre l'idée nouvelle, c'est parler des couleurs à un aveugle, ou expliquer les notes de la Musique à un sourd de naiffance ; & c'est ici un des grands défauts des Maîtres, qui ne s'apliquent point affez dans leurs leçons à démêler les idées qui n'ont point encore fait d'impreffion déterminée fur le cerveau de leurs Eléves. On les gronde quelquefois avec auffi peu de raifon de ne pas entendre, que si l'on se plaignoit qu'ils ne connoiffent pas les perfonnes qu'ils n'ont point encore vûës, ou le goût des viandes qu'ils n'ont point encore goûtées.

Ainfi avant que de faire obferver aux enfans que le nom adjectif, par exemple, marque une qualité ou maniere d'être d'une chofe, il faut prendre la précaution de leur donner des exemples de ces manieres d'être : prendre un morceau de cire, par exemple, & lui faire changer de figure pour leur expliquer que *rond* & *quarré* ne font que des manieres d'être de cette cire.

De même avant que de leur expliquer les deux raports qui se trouvent dans l'action de donner, il est très utile de leur faire donner quelque chose à quelqu'un, & ensuite leur demander : 1°. Qu'avez-vous donné ? 2°. A qui avez-vous donné ? Alors les impressions que vos raisonnemens supofent se forment, & se gravent dans leur cerveau de telle sorte, que les réfléxions se lient facilement avec elles, & les enfans les comprenent avec autant de facilité qu'ils entendent leurs jeux, & les régles qu'ils s'y imposent.

C'est encore sur ce principe que je ne crois pas qu'il soit aussi utile que l'on pense de leur faire étudier les Fables d'Esope; elles ne nous plaisent à nous que par les aplications que nous en faisons, & parceque nous en comprenons toute la morale, parceque nous avons vêcu, & elles n'amusent les enfans que par le merveilleux & par la fiction ; & c'est un goût que l'on doit combatre & dont on ne doit faire usage que pour l'histoire.

Ainsi je conviens que les enfans, non plus que les personnes avancées en âge, ne sont point capables des réfléxions qui ne trouvent en eux aucune idée déja aquiſe. Les idées abſtraites ſupoſent dans l'imagination des connoiſſances avec leſquelles elles puiſſent ſe lier ; elles ne ſont apellées abſtraites que parcequ'elles ſont tirées des idées particuliéres ; elles les ſupoſent donc ; il faut donc imprimer celles-ci avant que de faire aucune mention des autres : ſans cette méthode l'eſprit le plus ſublime ne comprend rien, & avec elle un eſprit médiocre conduit ſes connoiſſances au-delà même de ſa portée. Que le Theologien ou l'Aſtronome le plus profond qui n'auroient aucune connoiſſance du Palais, entendent parler d'apointement ou de Requête civile, ou d'autres termes encore plus ſimples, ils ſeront bien moins au fait que le moindre petit Praticien. Telle eſt la nature de l'eſprit humain. Les connoiſſances ne ſe devinent point : notre eſprit ne ſe les donne pas plus à lui-même que les cordes d'un inſtrument de Muſique ſe donnent l'ébranlement qui cauſe le ſon. Ainſi il y a un ordre à obſerver dans l'aquiſition des connoiſſances. Le grand point de la Didactique, c'eſt-à-dire de la ſcience d'enſeigner, c'eſt de connoître les connoiſſances qui doivent précéder & celles qui doivent ſuivre, & la maniere dont on doit graver dans l'esprit les unes & les autres.

Les premieres connoissances nouvelles que l'on veut donner aux enfans, & peut-être au reste des hommes, ne peuvent point entrer dans leur esprit par la voye du raisonnement, puisque le raisonnement supose des idées particulieres, le sentiment seul en est la porte. Mais quand ces premieres idées sont aquises, on peut & souvent même l'on doit raisonner sur ces idées primitives, & pourvû que les raisonnemens ne suposent point d'autres idées, on trouvera peu de personnes qui ne puissent facilement les concevoir.

Ainsi je ne demande que deux conditions pour faire entendre les raisonnemens de cette Grammaire raisonnée.

La premiere est un âge proportionné, & cet âge est celui auquel on juge les enfans capables d'étudier les régles de Despautére.

La seconde est qu'ils ayent été exercez pendant quelque temps à la routine dont j'ai parlé. Alors comme ils ont vû souvent qu'un mot change de terminaison, tantôt *Dóminus*, *Dóminorum*, &c. on leur explique pourquoi se fait ce changement. On leur dit que ces différentes terminaisons n'ont été inventées que pour marquer les différens raports sous lesquels on considére un même mot, & on leur détaille ces raports différens qui sont marquez par les cas. *Cœnam apparáre*: *Cœnam* est à l'accusatif, non pas parcequ'*apparáre* le gouverne; mais parceque *Cœnam* est l'objet ou le terme de l'action d'*apparáre*, & que c'est par ce cas que les Latins faisoient connoître qu'ils considéroient un mot comme terme de l'action, lorsqu'ils s'exprimoient par la voix active: on ne trouvera aucune exception de cette régle pourvû que l'on comprenne bien la signification propre du verbe:

Studére, s'apliquer à: *favére*, être favorable à: *docére*, instruire, & les autres que l'on verra dans le détail de la Syntaxe.

II. La seconde sorte de raisonnemens qui ne sont point à la portée des enfans, ce sont ceux où il y a plusieurs combinaisons à faire, ces raisonnemens excitent une contention d'esprit que le cerveau des enfans n'est point encore en état de soutenir. Or les raisonnemens de la Grammaire raisonnée sont très-simples & très-uniformes, comme j'espere qu'on le reconnoîtra dans le Traité de la Syntaxe. La vérité est toujours sensible quand elle est considérée par des esprits préparez, parceque l'objet de la vérité ce sont les choses telles qu'elles sont: or ce qui *est*, fait impression quand on peut se mettre dans le jour de l'apercevoir.

Un des points principaux de l'éducation, comme je l'ai déja dit, c'est de former l'esprit des enfans ; on doit même étudier autant pour se former l'esprit que pour aprendre. On ne sçauroit rendre de service plus essentiel aux jeunes gens, que de fortifier en eux le goût naturel que nous avons tous pour la vérité : & pour cela on doit toujours leur parler clairement, on ne doit jamais leur donner de régles qui ne soient fondées sur la raison. Cependant dès qu'une réfléxion est juste, dès qu'une définition est exacte, au lieu de se donner la peine de la mettre à la portée des enfans, on ne croit plus qu'ils soient en état de la concevoir, sans prendre garde que par cela même elle sera plus aisément comprise, & leur fera plus d'impression, & même de plaisir ; car la vérité connuë plaît toujours, & les enfans nous font sentir bien souvent, qu'ils ne sont pas incapables de la connoître ; & s'ils l'ignorent long-temps, c'est moins leur faute que celle de ceux qui n'ont pas l'art de la leur faire apercevoir.

§. II.

Que la Méthode ordinaire demande beaucoup plus d'attention & de contention d'esprit.

La Méthode ordinaire tombe dans les deux inconvéniens que nous venons de remarquer.

Le premier est de donner des idées qui ne sont point préparées, & le second de donner des régles composées qui ne consistent qu'en mots, ce qui fait que les enfans ne trouvent point au dedans d'eux-mêmes de sentiment intérieur qui les convainque de la vérité de ces régles.

On commence par leur faire aprendre par cœur des mots qu'ils n'entendent point. Ils ne voyent pas pourquoi ces mots changent de terminaison ; on leur parle de cas, de déclinaison, de régime, sans aucune préparation ; aussi rien ne se lie, rien ne s'acroche pour ainsi dire dans leur esprit, rien n'y fait impression, hors la peine & le dégoût.

En second lieu, y a-t-il de raisonnemens plus composez que les régles que l'on donne sur le *Que retranché*, la particule *on* & les autres prétenduës difficultez ? Prenez tel Livre de Méthode qu'il

vous plaira, eût-il pour titre Méthode facile ; on vous dira que » lorsque dans le
» françois il y a un *que* après un verbe,
» pour tourner ce françois en latin, il faut
» retrancher le *que*, & mettre le substantif
» qui le suit à l'accusatif, & le verbe à l'infi-
» nitif au temps qu'il faut, soit au présent,
» si le verbe est au présent, &c. cette régle
se trouve même suivie d'un grand nombre d'exceptions qui sont expliquées de la même maniere ; il n'y a rien qui demande plus de précision & de contention d'esprit, par les différens objets qui doivent être présens à l'imagination en même temps.

N'est-il pas plus simple & plus à la portée des enfans de leur faire observer la différence du Latinisme & du Gallicisme ? *Poëtæ tradunt Saturnum devorasse suos liberos*: Les Poëtes racontent Saturne avoir dévoré ses enfans ; & l'on dit en françois : Les Poëtes disent que Saturne a dévoré ses enfans.

A l'égard de la prétenduë particule *on*, c'est une syncope du mot *homme*, c'est l'homme en général, & dans un sens indéterminé ; c'est pourquoi on dit également *on* ou *l'on* selon que cela convient à l'harmonie de la phrase particuliere ; ou plutôt cette façon de parler nous vient de ce que nos peres difoient, comme on le voit dans les anciens manufcrits, *un dit*, ils prononçoient cet *un* à l'italienne *oun*, d'où eft venu *on*.

Je dois cette remarque à M. l'Abbé Raguenet.

En latin on fuit d'autres tours, comme nous le dirons en fon lieu.

Les régles que l'on donne ordinairement fur toutes ces prétenduës difficultez, outre l'inconvénient de n'être pas tirées de la différente façon de penfer & de s'exprimer des peuples différens, ont encore celui d'obliger l'efprit de fe préfenter plufieurs objets à la fois, ce qui eft une opération qui fupofe une confiftance qui n'eft point encore dans le cerveau des jeunes gens, & qui fe trouve même rarement dans celui des hommes formez.

On tourmente les jeunes gens pendant plufieurs années fur ces difficultez, comme fi la Langue Latine ne confiftoit qu'en ce feul point ; c'eft par là que l'on commence, & c'eft par là qu'il faudroit finir.

Si ceux qui ont paffé par la Méthode ordinaire veulent bien fe rapeller ce premier temps, ils conviendront qu'ils ne comprenoient rien à toutes ces régles, & que s'ils font parvenus dans la fuite à bien exécuter, ce n'a été que par habitude.

» Il me femble, dit le P. Lamy, qu'on

Entretiens sur les Sciences.

» me mettoit la tête dans un sac, & qu'on
» me faisoit marcher à coups de fouët, me
» châtiant toutes les fois que ne voyant
» point j'allois de travers.. Je ne comprenois
» rien à toutes ces régles qu'on me forçoit
» d'aprendre par cœur, &c.

Scioppius dit qu'il faudroit un grand nombre d'années & une étude bien assidue pour comprendre & pour retenir cette multitude infinie de régles & d'exceptions.

De plus, on fait faire l'aplication de ces régles & de ces exceptions en faisant mettre du françois en latin. Ne faut-il pas bien de l'attention & de l'étenduë d'esprit pour apliquer la régle, & plus encore pour le choix des mots ? On est obligé de chercher ces mots dans un Dictionnaire, il faut deviner celui qui convient à la phrase particuliére, démêler le terme propre d'avec le figuré; en un mot sçavoir ce qu'on n'a point encore apris: aussi n'est-ce qu'au bout de cinq ou six ans que l'on commence à faire des thémes suportables. Si au lieu de cet exercice aussi pénible qu'inutile, & dans la forme & dans le fond, on avoit passé la moitié de ces années à aprendre des mots latins, & à expliquer les Auteurs selon la traduction littérale, en remarquant avec foin la différence qui se trouve entre le tour latin & le tour françois; n'est-il pas évident que l'on tourneroit alors le françois en latin avec bien plus de facilité & de succès ? Tout le monde convient que ce premier latin des enfans n'est qu'un mauvais françois habillé à la latine : en effet peut-on tirer de son cerveau ce qui n'y est point entré ?

La jeunesse n'est point le temps de la récolte & des productions : c'est celui de semer & de faire des provisions. Ainsi ce n'est qu'après que les jeunes gens n'ont plus de difficultez sur les Déclinaisons, les Conjugaisons & la Syntaxe, par l'aplication fréquente qu'ils en ont faite dans l'explication des Livres latins; en un mot, ce n'est qu'après qu'ils ont étudié les originaux qu'on doit les exercer à faire des copies, je veux dire à rendre du françois en latin.

L'usage contraire n'est point naturel, il remplit la principale partie des premieres années, temps précieux que l'on pourroit employer à des exercices utiles, & il est cause que dans l'espace de sept ou huit ans on n'a parcouru que quelques endroits détachez d'un petit nombre d'Auteurs, sans avoir jamais entendu parler d'aucune science, ni de rien de tout ce qui est en usage dans les sociétez policées. Ce qui fait que lorsqu'ils entrent dans le monde il semble aux autres & à eux-même qu'ils arrivent dans un pays nouveau :

Petr. *Ut cum in forum venerint existiment se in alium terrarum orbem delatos.*

Cet usage a encore un inconvenient considérable, c'est que comme les enfans dans le cours de leurs études, occupez à faire des thêmes, ne voyent que peu d'ouvrages des Auteurs latins, ils n'entendent point ce qu'ils n'en ont pas lû ; ainsi ils ne sont point en état de se plaire dans la lecture de ces Auteurs, parcequ'ils ne peuvent pas les lire sans Maître : & comme l'occasion de rendre du françois en latin ne se présente presque jamais dans l'usage du monde, ils oublient ce qu'ils en ont apris ; & c'est ainsi que se perd le fruit de tant d'années précieuses, passées dans une peine qui devient inutile pour le reste de la vie.

Mais mon principal dessein n'est que de faire observer ici la contention d'esprit que demandent les régles communes & les thêmes, aussi bien que les inversions des Auteurs qu'on fait expliquer, & je me restrains à cette seule observation, afin de bien faire remarquer à ceux qui seront surpris de voir donner à des enfans
une

une Grammaire raisonnée, que la Méthode ordinaire a bien plus de combinaisons, & par conséquent supose plus de consistance dans l'esprit des enfans que celle que je propose : ainsi quand celle-ci ne seroit pas incomparablement plus facile, parcequ'elle est fondée sur la nature ; attention pour attention, peine pour peine, ne vaut-il pas mieux accoutumer les enfans à la vérité ? N'est-il pas plus raisonnable de remplir leur imagination & leur mémoire d'idées utiles, qui soient autant de préparations pour ce qui se présentera à eux dans la suite, & dont ils puissent faire usage dans le cours de leur vie ?

Je ne sçai aussi pourquoi on fait aprendre par cœur des régles latines ou françoises. Je ne parle point de l'obscurité des unes & peut-être des autres ; mais il me semble que dès qu'il s'agit de régles il ne s'agit plus de mémoire. Comme les régles ne sont autre chose que des observations, elles ne doivent être fondées que sur la raison, & quand elles ont été une fois bien comprises, on ne se sert plus, pour ainsi dire, que de la mémoire de la raison, & cette mémoire n'est jamais l'esclave des paroles.

D'ailleurs les régles ordinaires, comme je l'ai déja remarqué, ne font tirées que de l'arrangement de quelques mots fans être prifes du fond des chofes, auffi font-elles prefque toutes fauffes, toujours fuivies d'exceptions, & toujours oubliées.

On tombe encore dans un autre inconvénient, c'eft que l'on regarde les Sciences comme autant de pays différens où l'on ne fait voyager les enfans que fucceffivement. Ce n'eft qu'en Rhétorique qu'ils aprennent qu'il y a dans le Difcours un fens propre & un fens figuré, comme fi un enfant que l'on juge capable d'entendre les régles de Defpautére, ne pouvoit pas comprendre que la lumiere du Soleil & la lumiere de l'efprit font deux expreffions différentes, dont l'une eft au propre & l'autre au figuré par une efpece de comparaifon. Ce n'eft qu'en Philofophie, c'eft-à-dire fept ou huit ans après leur entrée dans le pays latin, qu'on leur explique ce que c'eft qu'une propofition, &c. Jufques-là il femble qu'on évite de les éclairer par des obfervations fimples & naturelles, pendant qu'on les accable de préceptes & de régles combinées qui ne fervent qu'à les troubler. Je voudrois leur aprendre en chemin faifant tout ce qui eft à leur portée, & qui peut exciter & fatisfaire leur curiofité.

Enfin on doit éviter avec soin de les embaraffer par des équivoques, comme on ne fait que trop souvent, fous le prétexte frivole d'un badinage toujours nuifible.

Je n'entrerai point dans un parallele plus détaillé entre la Méthode ordinaire & celle que je propofe, les perfonnes raifonnables me comprendront bien, & ce n'eft qu'à ceux-là que je parle.

Toute cette Méthode fe réduit donc à faire aprendre beaucoup de mots latins, en faifant expliquer long-temps littéralement felon l'ordre de la conftruction fimple, & que ce qu'on explique foit utile comme le Cathéchifme, la Fable, & notre *Brevis & lucida Naturæ Artis & fcientiarum notitia, ad ufum ftudiofæ juventutis.* Enfin à ne faire écrire que des mots utiles, comme les préterits & les fupins, & les mots principaux que l'on a remarquez dans l'explication.

Enfuite on aprend à décliner & à conjuguer, & les régles de la Grammaire raifonnée, qui étant fondées dans la nature & dans la raifon, ne font point fujetes à exception, forment l'efprit, & ne font point oubliées.

Que s'il arrivoit qu'un enfant ne les comprît pas d'abord, je demande s'il comprendroit plus aifément les régles ordinaires ? On éprouve tous les jours le contraire, les fautes où l'on continuë de tomber après plufieurs années en font la preuve ; ainfi en ce cas-là on doit paffer outre, & attendre que l'efprit fe forme à force d'exemples & de répétitions ; attente pour attente, ne vaut-il pas mieux que ce foit en faveur de la vérité ?

Au refte, je ne diffimulerai point l'objection triviale que l'on fait contre toutes les Méthodes nouvelles ; elles n'ont jamais de long fuccès, dit-on, & l'on eft toujours obligé de revenir à la Méthode ordinaire.

Mais on ne prend pas garde que les Méthodes réformées demandent des foins & des détails qui trouvent fouvent des obftacles, & alors on retombe dans la Méthode ordinaire, c'eft-à-dire dans une certaine pratique où les chofes vont comme elles peuvent.

Ainfi ce n'eft pas l'excellence de la Méthode ordinaire qui triomphe de la réforme, c'eft la négligence, l'incapacité, l'infuffifance, & fouvent même, fi je l'ofe dire, une avarice qui ne connoît pas fes véritables intérêts, en refufant les petites dépenfes néceffaires pour le détail.

Il en eſt des Méthodes comme des chemins: on marche plus aiſément dans un chemin bien entretenu, où l'on a comblé les foſſez & les ornieres, d'où l'on a ôté les pierres & les pointes des rochers; mais ſi ceux qui ſont prépoſez pour l'entretien des chemins manquent de ſoins, les voyageurs n'auront plus qu'une route difficile, & retrouveront le chemin tel qu'il étoit, ou plus mauvais qu'auparavant.

Ainſi toute l'objection ſe réduit à prouver que peu de perſonnes ont l'eſprit de détail, & ſont capables de s'y prêter, & j'en conviens.

FIN.

ON joint ici le Poëme séculaire d'Horace qui est à la fin du Livre des Epodes, afin de faire voir l'usage de cette Méthode. On a ajoûté quelques Remarques pour donner une intelligence plus entiere du texte, & pour rendre raison de la Traduction littérale.

Au reste, ne faites expliquer le texte de l'Auteur qu'après que vous aurez bien fait apprendre la Traduction interlinéaire.

LE POËME SÉCULAIRE D'HORACE.

EXPOSITION DU SUJET.

TOUS les cent-dix ans les Romains devoient célébrer des Fêtes solemnelles en l'honneur des Dieux, pendant trois jours & pendant trois nuits. Ces Fêtes ou ces Jeux qu'on apelloit Séculaires, devoient être célébrez suivant une prétenduë prédiction contenuë dans les Livres des Sibylles, qui annonçoient que l'Empire Romain se maintiendroit dans toute sa gloire, tant que ces Fêtes seroient exactement célébrées.

Ces Livres des Sibylles, qui n'étoient recommandables que par la crédulité des Romains, étoient gardez par quinze Prêtres dans le Temple qu'Auguste avoit fait bâtir sur le Mont Palatin en l'honneur d'Apollon.

Ces Jeux furent faits sous Auguste avec un apareil & une magnificence extraordinaires. Après que pendant les deux premiers jours, & les deux premieres nuits, on eut chanté des hymnes en divers Temples en l'honneur des Dieux; le troisiéme jour on se rendit dans le Temple d'Apollon Palatin, & là un chœur de vingt-sept jeunes garçons, & un chœur de vingt-sept jeunes filles, chantérent, en se répondant, l'hymne que voici en l'honneur d'Apollon, de Diane, & des Parques. Horace l'avoit composée par l'ordre d'Auguste, comme l'Auteur de la vie de ce Poëte nous l'aprend. *Suet. in Vita Horatii.*

Q. HORATII FLACCI
CARMEN SÆCULARE.

Phœbe, sylvárumque potens Diána ;
Lúcidum cæli decus, ô colendi
Semper, & culti ; date quæ precámur
    Témpore sacro :

Quo, Sibyllíni monuére versus
Vírgines lectas, púerosque castos,
Dîs quibus septem placuére colles,
    Dícere carmen.

REMARQUES.

1. POTENS SYLVARUM. C'est ici une façon de parler que les Latins avoient imitée des Grecs. Les Grecs mettent le génitif après l'adjectif en sous-entendant la préposition *ἐκ* qui gouverne le génitif, comme nous disons en françois *plein de*, &c. Le voisinage des Grecs, & surtout celui de la grande Gréce qui étoit dans l'Italie même, & plus encore leur réputation dans les lettres, a fait prendre aux Latins plusieurs de leurs façons de parler.

2. AUSQUELS LES SEPT MONTAGNES DE ROME ONT PLÛ ; c'est-à-dire, *qui ont pris Rome sous leur protection* : ces sept montagnes étoient le mont Aventin, le Palatin, le Capitolin, le Viminal, l'Esquilin, le Quirinal & le mont Cælius. Dans la suite on ajoûta le Vatican & le Janicule.

O Phœbe, atque Diána potens sylvárum   1.
O Phœbus, & Diane puissante des forêts;
qui es Déesse

(ô vos) decus lúcidum cæli, ô (vos)
ô vous ornement brillant du ciel, ô vous

colendi semper, &
qui devez être honorez toujours, &

culti semper; date
qui avez été honorez toujours; donnez
accordez-nous

(ea, negótia) quæ précamur
ces choses que nous prions
ce nous vous demandons

(in hoc) témpore sacro:
dans ce temps sacré:

(In) quo versus Sibyllíni monuére
dans lequel les vers Sibyllins ont averti
des Sibylles

vírgines lectas, atque púeros castos,
les vierges choisies, & les jeunes garçons chastes,
pieux,

dícere carmen Diis, quibus
de dire un cantique aux Dieux, auxquels   2.
de chanter

septem colles (Romæ) placuére.
les sept collines de Rome ont plû.

Almę fol, curru nítido diem qui
Promis & celas, áliusque & idem
Násceris; possis nihil urbe Româ
Vísere majus.

Ritè maturos aperíre partus
Lenis Ilithyia, tuére matres:
Sive tu Lucína probas vocári
Seu Genitális.

3. ALME: *Almus* vient d'*alere*, il se prend pour *salutaire, favorable, doux*; mais je ne crois pas qu'on doive le traduire par *beau*.

4. PRÆ signifie *devant*, *avant*, *plusque*; c'est une préposition qui marque préférence, *pra nobis beatus* Cic. *heureux avant nous*; c'est-à-dire, *plus heureux que nous*. C'est cette préposition qui gouverne l'Ablatif qu'on met après le comparatif, je la traduis ici par *que* pour plus grande facilité, elle signifie aussi *à cause*.

5. ILITHYIA εἰλείθυια ab ἐλευθω *venio* quod Lucina invocetur ut partus veniat in lucem.

SIVE TU PROBAS VOCARI: Les Payens portoient la superstition jusqu'à croire qu'il y avoit des noms plus agréables aux Dieux les uns que les autres, & sous lesquels ils aimoient mieux être invoquez; & ils craignoient de s'y méprendre.

6. LENIS APERIRE. Il n'y a rien de si commun en grec & en latin qu'un infinitif après un adjectif, sur-tout dans les Poëtes: c'est encore une façon de parler que les Latins ont prise des Grecs. Les Langues vulgaires mettent une préposition entre deux, & cette préposition nous fait connoître celle qu'il faut sous-entendre en grec & en latin, comme la Méthode de P. R. l'a remarqué dans l'avertissement de la Regle 8.ᵉ de la Syntaxe: cependant je n'ai pas osé en exprimer; il suffit en effet d'observer que c'est une façon de parler prise des Grecs. *Lenis aperire, id est, Lenis in aperiendis seu producendis partubus: qua leniter, seu cum minimo dolore producis partus.*

Sol		alme			qui	3.
Soleil,	qui animes & nourris toutes choses,				qui	

promis	& celas	diem	(cum)	curru
fais paroître	& caches	le jour	avec	un char

nítido,	(atque qui)	násceris	álius	&
brillant,	& qui	renais	autre différent	&

idem,	(útinam)	possis	vísere
le même,	que	tu puisses puisses-tu	voir ne rien voir

nihil	majus	(præ)	urbe	Româ :	4.
rien de plus	plus grand puissant	que	la Ville	Rome : de Rome	

O Ilithyia	lenis		aperíre	5. 6.
O Ilithyie	douce		à ouvrir	
		qui mets doucement au jour		

rite	partus	matúros,	tuére
à propos	les enfantemens les enfans	mûrs, prêts	protege

matres ;	sive tu	probas	vocári
les méres ;	soit que tu	aprouves aimes	d'être apellée

Lucína,	seu Genitális.	7.
Lucine,	ou Genitale.	

Parce precor gravidis facilis Lucina puellis,
    Maturumque utero molliter aufer onus. *Ovid. Fast. 2.*

7. LUCINA : ce mot vient de *lux*, parcequ'elle mettoit les enfans au jour, *aut quia principium tu Dea lucis ha-*

a iij

Diva prodúcas sóbolem, Patrumque
Próspères decréta super jugandis
Féminis, prolisque novæ feráci
Lege marítâ.

bæ. (Ovid. Fast. 2.) On l'apelloit aussi en cette qualité *Juno Lucina*. *Juno* en cette occasion ne signifie point la Déesse Junon, femme de Jupiter, qui présidoit aux nôces: c'est plutôt une èpithéte de Lucine apellée *Juno à Juvando, quasi juvans*. C'est ainsi que les Génies des femmes s'apelloient *Junones*, & ceux des hommes *Genii*, car les Payens croyoient qu'il y avoit une Divinité attachée à chaque personne. *Singulis aut Genium aut Junonem dederunt*. (Sen. Ep. 110.)

8. LEGE MARITA. La Loi concernant les Mariages. Les Payens qui n'étoient occupez que des avantages temporels avoient condamné le Célibat: il y avoit des peines pour ceux qui ne se marioient point, ils étoient incapables de recueillir des successions: *Cælebs capere hæreditatem prohibetur propter legem Juliam*. (Ulp. in frag. Tit. 22.) *Qui hæredes institui possunt*. Auguste avoit renouvellé cette Loi: *Leges quasdam ex integro sanxit, ut de adulterio, de pudicitiâ & de maritandis ordinibus quam aliquantò severiùs emendavit*. (Suet. in vitâ Aug.) Cette Loi fut abrogée par Constantin & par d'autres Empereurs Chrétiens, comme il paroît par le Titre du Code *de infirmandis pœnis cœlibatûs & orbitatis*.

Au reste, Horace a dit *Lege marità*, comme Properce a dit *marita fides*: Plaute *marita pecunia*; Ciceron *marita domus*, &c. Un sçavant Commentateur moderne croit que *marita* est ici l'imperatif du verbe *maritare*; mais il ne me paroît pas qu'il soit du génie de la Langue Latine, de mettre ces sortes de verbes sans aucun régime, sur-tout à l'actif: *Maritat vite populos*. Hor. &c.

D'ailleurs le passage de Suetone, qui nous aprend que cette Loi s'apelloit *de Maritandis*, nous fait encore bien voir qu'Horace a pû l'apeller *marita*, sans craindre de n'être pas entendu.

(O)	Diva	(precámur	ut)	prodúcas
O	Déeſſe	nous prions	que	tu étendes
				tu portes bien loin

ſobolem	(Romanórum),	atque	ut
la poſtérité	des Romains,	&	que

próſperes	Decréta	Patrum
tu faſſes réuſſir	les Décrets	des Pères
	les Arreſts	des Sénateurs

ſuper	féminis	jugandis
ſur	les femmes	qui doivent être mariées
touchant		

atque	ſuper	lege	marítâ
&	touchant	la Loi	Maritale
			concernant les Mariages

feráci	prolis	novæ,
qui portera l'abondance	d'une race	nouvelle ;

(ſub	te	favente.)
ſous	toi	favoriſant
ſi tu		la favoriſes.

Certus undénos décies per annos
Orbis, & cantus, réferatque ludos
Ter die claro, tótiesque gratâ
    Nocte frequentes.

Vosque veráces cecinisse Parcæ,
Quod semel dictum est, stábilisque rerum
Términus servat, bona jam peractis
    Júngite fata.

9. DECIES UNDENOS, dix fois onze ans; c'est-à-dire cent-dix ans, un siécle. Servius remarque que le siécle a été pris pour l'espace de cent-dix ans, quelquefois pour mille, souvent pour moins.

10. REFERAT TER DIE CLARO; c'est-à-dire pendant trois jours & trois nuits.

11. PARCÆ: communément on tire l'étymologie de ce mot *quia nemini parcunt*, par Antiphrase, *sic lucus* dit *Servius, quòd non luceat*. Mais Augustin Dathus, Sanctius, & quelques autres guidez par des idées plus justes, disent que l'Antiphrase est une espéce d'ironie, & supose plusieurs mots; & par conséquent ne sçauroit avoir lieu dans l'étymologie d'un seul : il y a en effet je ne sçai quoi d'oposé à l'ordre naturel, de nommer une chose par son contraire, d'apeller lumineux un objet, parcequ'il est obscur.

Parca, selon ces Auteurs, vient ou de *parcus quia parcè nobis vitam tribuunt*, ou de *partiri*, parcequ'elles partagent aux hommes le bien & le mal; & déterminent le cours de leur vie, ou enfin parceque leurs fonctions sont partagées entre elles. *Parca quasi partita*:

Clotho colum retinet, Lachesis net, & Atropos occat.

A l'égard de *Lucus*, il vient ou d'un mot étrurien, selon Sanctius, ou plutôt *à lucendo*; parceque comme il n'étoit pas

permis

(Precámur ut)	orbis	certus	
Nous te prions que	un cercle	certain	
	une révolution	constant	

annórum (ductus)	per	décies	undénos	9.
d'années conduit	pendant	dix fois	onze	
fait		cent-dix		

annos,	réferat	ter	(in) die	10.
ans,	raméne	trois fois de suite	dans un jour,	

claro,	tótiesque	(in)	nocte
brillant,	& autant de fois	dans	une nuit

gratâ	&	cantus,	atque ludos
agréable	&	les chants,	& les jeux

frequentes :
célébrez par un grand concours de monde :

Vosque (ô)	Parcæ	veráces	11.
Et vous ô	Parques	véridiques	

cecinisse ;	(namque)	términus
après avoir chanté,	car	un terme
dans vos prophéties ;		une borne

stábilis	rerum	servat (illud)	12.
qui donne la stabilité	des choses	garde ce	
		maintient	

quod dictum est	semel	(à vobis),	júngite
qui a été dit	une fois	par vous,	ajoûtez

fata	bona	(fatis)	jam peractis.
des destinées	bonnes	aux destinées	déja passées.
	heureuses		

b

Fértilis frugum, pécorisque Tellus
Spíceâ donet Cérerem coronâ :
Nútriant fetus & aquæ salúbres,
Et Jovis auræ.

Cóndito mitis plácidusque telo,
Súpplices audi púeros, Apollo ;
Síderum regína bicornis, audi
Luna, puellas.

permis par respect de couper de ces bois, ils étoient fort épais, & par conséquent fort obscurs ; ainsi le besoin autant que la superstition, avoit introduit l'usage d'y allumer des flambeaux. Voyez l'Apologétique de Tertullien qui se moque de cet usage.

12. STABILIS RERUM, idest, *dans stabilitatem rerum*, qui donne la stabilité, qui rend les choses stables. *Dare stabilitatem*, est de Ciceron.

Ces adjectifs qui viennent des verbes peuvent quelquefois être considérez comme renfermant le substantif qui gouverne le génitif suivant, de la même maniere que *pœnitet* se réduit à *pœna tenet* ; mais à moins que cela ne soit bien clair, il vaut mieux s'en tenir à l'Hellénisme qui est la véritable raison de ces génitifs, comme nous l'avons remarqué sur *potens sylvarum*. Il en est de même de *ferax prolis novæ*, &c.

Ce qu'Horace dit ici fait allusion à l'usage des termes ou bornes. Sous les ruines du Capitole on trouva une Statuë du Dieu Terme, qui y avoit été mise pou rassurer la perpétuité de l'Empire Romain.

13. SPICEA. Il faut faire bien remarquer ces adjectifs que nous sommes obligez de rendre par des substantifs avec le secours de la préposition *de*. Notre langue est quelquefois plus pauvre, & quelquefois plus riche que la latine.

14. DONET CEREREM. Les Latins disoient *donare aliquem dono*, comme nous disons combler quelqu'un de bienfaits, le gratifier, le pourvoir : c'est pourquoi on disoit au passif *donatus, donari*, &c. ils disoient aussi *donare aliquid alicui*. La Traduction littérale bannissant toutes les

(Precámur	ut)	Tellus	fértilis	(à
Nous prions	que	la terre	fertile	par

proventu)	frugum	pécorísque,
l'abondance à venir	de fruits	& de bétail,

donet	Cérerem	à	coróna	spíceâ, &	13. 14.
gratifie	Cerès	de	une couronne	d'épics, &	

(ut)	aquæ	salúbres &	auræ
que	des eaux	salutaires &	les airs
		saines	un air sain

Jovis	nútriant	fetus.	15.
de Jupiter	nourrissent	ces productions.	

Apollo	mitis	plácidusque	(à) telo	16.
Apollon	doux	& paisible	après ton dard	
			tes traits	

cóndito,	audi	púeros	súpplices.
enfermé,	écoute	les jeunes garçons	suplians
			qui te prient.

ô Luna	bicornis,	regína	síderum	17.
ô Lune	à deux cornes,	reine	des astres	

audi	puellas.
écoute	les jeunes filles.

Roma si vestrum est opus, Iliæque
Littus Etruscum tenuêre turmæ,
Jussa pars mutáre lares & urbem
Sóspite cursu :

remarques sur les différens régimes des verbes, ne considére que le tour, qui étoit dans l'esprit de celui qui a parlé. Ainsi quand on trouve *circumdare custodias alicui* Cic. c'est donner des gardes à quelqu'un autour de lui ; & de même *circumdare mœnia oppid.* Cic. donner des murailles à une Ville tout autour, *circumdare oppidum mœnibus*, Cæsar, c'est enfermer une Ville de murailles.

15. FETUS signifie toute sorte de productions, & ne tombe pas seulement sur *pecoris : fetus terræ*, Cic. *fetus animi*, &c.

16. TELO. *Telum*, signifie toute arme à jetter de loin. A TELO. La préposition *à* marque en général le terme ou le départ d'où une chose vient, & c'est pourquoi elle signifie aussi *après* : *à Jentaculo*, Plaute, après le déjeuné ; *à cœnâ*, après le souper ; *à Mundo condito*, *à Pueritiâ* : & dans Virgile Æn. 1. *revocato à sanguine Teucri*, après avoir rapellé le sang de Teucer. Je suplée cette préposition en ce sens devant plusieurs ablatifs.

17. BICORNIS. On croit que ces Jeux Séculaires ont été célébrez dans le temps de la nouvelle Lune.

LUNA *quasi Lucina*, de *Lucére*.

18. SOSPES, qui est échapé de quelque danger : il faut se rapeller ici l'histoire du voyage d'Enée décrit dans Virgile.

Si	Roma	est	vestrum	opus,	atque si
Si	Rome	est	votre	ouvrage,	& si

turmæ	íliæ	tenuêre	littus
des troupes	troyennes d'ilium	ont possedé	le rivage

etruscum,	(hæ	turmæ	quæ erant)
étrurien de l'Etrurie,	ces	troupes	qui étoient

pars	(Trojanórum)	jussa	(à
une partie une troupe	de Troyens	commandée	par

vobis)	mutáre	lares
vous	de changer	leurs lares leurs Dieux domestiques

&	urbem	(à)	cursu	sóspite: 18.
& leur	ville	par	une course une navigation	heureuse:

Cui, per ardentem sine fraude Trojam,
Castus Æneas Pátriæ superstes,
Líberum munívit iter; datúrus
Plura relictis:

Dî probos mores dócili juventæ,
Dî senectúti plácidæ quiétem,
Rómulæ genti date remque prolemque
Et decus omne.

19. DATURUS PLURA. Ces plus grands avantages, c'est l'Empire Romain, qui devoit être donné à la postérité d'Enée & à celle de ses compagnons.
20. ROMULÆ GENTI. *Romulus, a, um,* adj. On dit aussi *Romuleus, Romulida, arum* & *Romulides, um*. Je ne fais cette remarque, que parceque je ne sçai par quelle fatalité ces mots qui sont dans Horace, Virgile, Martial, &c. ne se trouvent point dans les Dictionnaires ordinaires.

Cui	(parti)	castus	Ænéas	superstes
A laquelle	troupe	le chaste	Enée	survivant
		le pieux		

Pátriæ,	munívit	sine	fraude
à sa patrie,	fit	sans	danger
	ouvrit	sans qu'il leur arrivât aucun mal	

iter	líberum	per	Trojam
un chemin	libre	au travers de	Troye.

19.

ardentem,	datúrus	(bona)
ardente,	devant leur donner	des biens
en feu,	destiné à leur donner	des avantages

plura	(præ)	relictis.
en plus grand nombre	que ceux qu'ils avoient laissez.	

Dii	(date)	probos	mores	juventæ
Dieux	donnez	de bonnes	mœurs	à la jeunesse

dócili,	Dii	(date)	quiétem
susceptible d'instruction,	Dieux	donnez	le repos

senectúti	plácidæ,	date
à la vieillesse	qui aime la tranquillité,	donnez

20.

genti	Rómulæ	remque
à la race	de Romulus	& du bien
au peuple	Romain	

prolemque	&	omne	decus.
& une longue postérité	&	tout	honneur
		toute sorte de gloire.	

Quique vos bobus venerátur albis,
Clarus Anchífæ vénerifque fanguis,
Imperet bellante prior, jacentem
Lenis in hoftem.

Jam mari terrâque manus pótentes
Medus Albánafque timet fecúres;
Jam Scythæ refponfa petunt, fuperbi
Nuper & Indi.

21. CLARUS ANCHISÆ SANGUIS. On doit entendre ceci d'Augufte perfonnellement, comme d'anciens Commentateurs l'ont remarqué. Il étoit de la race des Jules par fa mére Accia, fille de Julie, fœur de Jules Céfar; & il avoit été adopté par cet Empereur. La Famille des Jules prétendoit defcendre de Iule fils d'Enée, & Enée étoit fils d'Anchife & de Vénus.

22. ALBANAS. Les habitans d'Albe furent transférez à Rome fous le Roi Tullus Hoftilius, & ne firent plus qu'un même Peuple avec les Romains. C'eft une façon de parler figurée, la partie pour le tout, Métonymie.

SECURES. Les Haches que l'on portoit devant ceux qui étoient revêtus des premieres Dignitez de la République. *Timet fecures.* C'eft encore une expreffion figurée pour dire il craint les Romains.

23. RESPONSA PETUNT; nous écrivent pour fçavoir nos volontez, demandent nos ordres.

(Atque	precámur	ut ille)	sanguis	clarus	21.
Et	nous prions que	cè	sang	illustre	

Anchísæ	Vénerisque	qui	vós	venerátur
d'Anchise	& de Vénus	qui	vous	honore

(à)	bobus albis	ímperet	prior
par	des bœufs blancs	commande	ayant l'avantage

præ	hoste	bellante,	lenis
avant	un ennemi	qui lui fait la guerre;	& doux
sur			

in	hostem	jacentem.
envers	un ennemi	abatu.
		qui se rend.

Jam Medus	timet	manus	potentes
Déja le Mede	redoute	nos mains	puissantes

(in) terrâ	marique	atque	secúres	Álbánas. 22.
en terre	& sur mer	&	les haches	Albaines.
sur				Romaines.

Jam	Scythæ &	Indi	nuper
Déja	les Scythes &	les Indiens	peu auparavant

superbi	petunt	responsa.
fiers	demandent	des réponses. 23.
		des décisions.

Jam fides, & pax, & honor, pudorque
Priscus, & neglecta redire virtus
Audet, appáretque beáta pleno
  Cópia cornu.

   🙦🙤

Augur, & fulgente decórus arcu
Phœbus, acceptusque novem Caménis,
Qui salutári levat arte fessos
  Córporis artus;

   🙦🙤

 * SI PHOEBUS. Le *Si* est de la Strophe suivante.
 24. CAMENIS. Les Muses, *quasi Casména*, ce mot vient de *carmen*, on disoit autrefois *casmen*. Varron.
 25. ARTE SALUTARI. Apollon étoit l'Inventeur de la Médecine, *inventum Medicina meum est*. Ovid. Met. Æsculape son fils en étoit le Dieu d'une maniere plus particuliere.
 26. ARTUS; c'est proprement les jointures du corps, il signifie les membres dans un sens plus étendu. Racine, *Arto*, Je reserre.

Jam   fides,   &   pax,   &   honor
Déja   la bonne foi, & la paix, & l'honneur

pudorque   priscus,   &   virtus   neglecta
& la pudeur ancienne, &   la vertu négligée

audet redíre, &   beáta   cópia   appáret
ose revenir, & l'heureuse abondance paroît

(cum)   cornu   pleno.
avec   sa corne remplie.

Si * Phœbus   Augur,   & decórus
Si   Phébus   Augure,   &   orné
              Dieu des Augures,

(ab) arcu fulgente, acceptusque novem
par un arc brillant, & reçu   aux neuf
                                agréable

Caménis, qui (ab) arte salutári levat   24. 25.
Muses, qui par un art salutaire soulage
                                  guérit

   artus   fessos   córporis;   26.
les membres abatus du corps;
            malades

Si Palatínas videt æquus arces,
Remque Románam, Látiumque felix;
Alterum in luſtrum, méliuſque ſemper
Próroget ævum.

Quæque Aventínum tenet Algidumque,
Quíndecim Diána preces virórum
Curet, & votis puerórum amícas
Applicet aures.

27. PALATINAS ARCES. Le Palais d'Auguſte étoit ſur le mont Palatin. *Habitavit primùm juxta Romanum forum .. poſteà in Palatio.* Suet. *in vitâ Auguſt*. Ce mont avoit été la demeure des Rois de Rome, d'où vient *Palatia*, les Maiſons Royales. Auguſte après la Bataille d'Actium avoit fait bâtir un Temple ſuperbe à Apollon ſur le mont Palatin.

28. ALTERUM IN LUSTRUM. *Luſtrum* ne ſe prend pas ici pour le luſtre qui revenoit tous les cinq ans; mais pour les expiations ſéculaires. Le *ſemper* tombe également ſur *alterum* & ſur *melius*, proroge toujours de ſiécle en ſiécle.

Si,	(inquam, ille Deus)		æquus	videt
Si,	dis-je, ce Dieu		favorable	regarde
				regarde favorablement

arces	Palatinas,	(utinam)	27.
les grands édifices	du mont Palatin,	que	

próroget	semper	remque	Románam
il proroge	toujours	& la chose	Romaine
il conserve		la République	Romaine

atque	felix	Látium	in	álterum
&	l'heureux	Latium	dans	un autre
		le païs Latin		

lustrum	(atque	in)	ævum	28.
lustre	&	dans	un siecle	
temps d'expiation			un temps	

semper	mélius.	(Atque	útinam)
toujours	meilleur.	Et	que

Diána	quæ	tenet	montem
Diane	qui	possède	le mont
		a un Temple sur	

Aventínum	Algidumque,	curet	preces
Aventin	& le mont Algide,	exauce	les prières
		fasse attention aux	

quíndecim	virórum	(custódum	cárminum
des quinze	hommes	gardiens	des vers

Sibyllárum)	& (útinam)	ápplicet	aures
des Sibylles	& que	elle prête	des oreilles

amícas	votis	puerórum.
amies	aux vœux	des jeunes gens.
favorables		

Hæc Jovem sentire, Deosque cunctos,
Spem bonam, certamque domum reporto,
Doctus, & Phœbi chorus, & Dianæ
Dicere laudes.

29. CHORUS REPORTO. On regarde ici le chœur comme une personne ; cela est ordinaire chez les anciens : d'ailleurs le chœur, quoique composé de plusieurs personnes, n'est considéré que sous une idée singuliére, comme quand on dit une troupe, une Ville, une Armée, &c.

30. SPEM REPORTO DEOS SENTIRE : c'est une façon de parler latine ; on dit en françois, je m'en retourne avec une confiance entière *que* les Dieux ont ces sentimens. Les difficultez sur les *que* qui font tant de peine aux jeunes gens, s'évanouissent par cette maniére d'expliquer. Il n'y a qu'à faire remarquer la façon de parler latine, que quelques langues vulgaires conservent encore aujourd'hui, & opposer la façon de parler françoise. Ceux qui donnent d'autres régles, font précisément, comme si pour apprendre que le *pain* se dit *panis*, ils disoient qu'il faut conserver la premiere syllabe *pa*, ensuite mettre l'*n* avant l'*i*, & ajoûter une *s*.

(Ego)	chorus	doctus	dicere	laudes	29.
Moi	*chœur*	*instruit*	*à dire*	*les louanges*	
			à chanter		

& Phœbi	& Diánæ	reporto	(ad)	30.
& de Phébus	*& de Diane*	*je remporte*	*à*	

domum	spem	bonam	certamque
ma demeure	*une espérance*	*bonne*	*& assurée*

Jovem	cunctosque	Deos
Jupiter	*& tous*	*les Dieux*

sentire	(hæc	negótia).
penser	*ces*	*choses.*
avoir ces sentimens		

On donnera Térence, Horace, Virgile, & Juvénal dans le même ordre.

SYNTAXE.

Voici les Demandes que l'on fait ensuite pour apprendre la Syntaxe.

D. Pourquoi *Phœbe* est-il au vocatif ?
R. Parceque c'est à *Phœbus* à qui on adresse la parole. Le vocatif vient de *vocare* apeller.

D. Pourquoi est-il au vocatif singulier ?
R. Parcequ'on ne parle que d'un seul.

D. *Scytha & Indi petunt responsa :* Pourquoi *Scytha & Indi* sont-ils au nominatif ?
R. Parcequ'ils sont le sujet de la proposition.

D. Qu'est-ce qu'une proposition ?
R. Une proposition est un assemblage de mots qui font un sens déterminé, ou bien, c'est un jugement énoncé.

D. Qu'est-ce que juger ?
R. C'est penser une chose d'une autre, comme

La Terre est ronde.
La Vertu est aimable.
Le Soleil est lumineux.

Quand je pense que *la Terre est ronde*, c'est un jugement. Quand je le dis, c'est une proposition.

D. Qu'est-ce que le sujet de la proposition ?
R. Le sujet de la proposition c'est ce dont on juge, comme *la Terre est ronde* : *la Terre*, est le sujet de la proposition ; c'est-à-dire, que c'est de *la Terre* que je juge qu'elle est ronde.

D. Pourquoi est-ce que dans cette proposition *Scytha & Indi petunt responsa*, *Scytha & Indi* sont le sujet de la proposition ?
R. Parceque c'est d'eux que l'on dit qu'ils demandent

demandent des réponses, c'est d'eux que l'on juge, & c'est pourquoi on les met au nominatif, c'est-à-dire au cas où l'on nomme ce dont on juge.

D. N'y a-t-il que le sujet à remarquer dans une proposition ?

R. Il y a encore le verbe & l'attribut.

D. Qu'est-ce que le verbe ?

R. C'est le mot qui marque que l'on juge, c'est-à-dire, que l'on pense une chose d'une autre: par exemple, *la Terre est ronde* ; le mot *est*, c'est le verbe, c'est-à-dire que c'est le mot qui marque que je juge que la Terre est ronde, *Ronde*, est l'attribut, c'est-à-dire que c'est ce que je pense de la terre ; c'est la propriété que je lui attribuë.

D. N'y a-t-il que le mot *être* qui soit un verbe ?

R. Outre ce verbe simple, il y a encore tous ceux qu'on peut appeller composez ou adjectifs, parcequ'ils renferment le verbe simple & l'attribut : comme *sedet* il est assis ; *sapit* il est sage; *favet* il est favorable ; *amat* il aime, c'est-à-dire il est aimant ; *legit* il lit, c'est-à-dire il est lisant, &c.

D. D'où vient que dans cette proposition *petunt responsa*, *responsa* est à l'accusatif ?

R. Parceque *responsa* est le terme de l'action que le verbe composé signifie. Quand on demande, on demande quelque chose ; ce qu'on demande s'appelle le terme ou l'objet de l'action de demander, & en ce sens se met à l'accusatif. Ce cas s'appelle accusatif, parceque c'est par lui que l'on accuse, c'est-à-dire que l'on déclare quel est le terme de l'action que fait l'Agent. *Apollo levat artus fessos* ; ces mots *artus fessos* sont à l'accusatif, parcequ'ils font connoître quel est le terme ou l'objet de l'action de *levat*. Ainsi de tous les autres accusatifs après un verbe.

d

Remarque.

Docet pueros circa Grammaticam doit être traduit : il inſtruit les enfans touchant ou ſur la Grammaire. *Docére* ſignifie proprement inſtruire : le terme de l'action de *docére*, & le terme de l'action d'inſtruire eſt une perſonne, au lieu qu'enſeigner a pour objet la ſcience qu'on enſeigne. Cette juſteſſe de la Traduction littérale diſſipe toutes les difficultez : car comme on ne dit pas en françois *la Grammaire eſt inſtruite aux enfans*, de même on ne dit point en latin *Grammatica docétur pueros*. Les enfans comprendront plus aiſément ceci que toutes les régles qu'on leur donne ſur le verbe *docére* ; c'eſt pourquoi dans le Rudiment j'ai traduit *docére* inſtruire, & non pas enſeigner.

D. Artus corporis. Pourquoi *corporis* eſt-il au génitif ?

R. Parceque lorſqu'il y a deux ſubſtantifs de ſuite qui ne ſont pas pris dans le même ſens, on met le ſecond au génitif. *Decus cali*, &c.

D. Pourquoi ce cas eſt-il apellé génitif ?

R. Ce mot vient de *gignere* engendrer, parceque c'eſt du génitif que les autres cas ſe forment.

D. Quand eſt-ce qu'on met un nom au datif ?

R. On met au datif le mot qui ſignifie ce à quoi ou à qui on donne ou on attribuë quelque choſe ; c'eſt le cas de l'attribution, & c'eſt pour cela que ce cas s'apelle datif du verbe *dare* donner, *date quietem ſenectuti*. On met auſſi à ce cas les mots qui ſont conſidérez ſous des raports ſemblables à celui de donner, & même d'ôter : comme le raport de fin, *finis ei*. Ce que l'uſage & les exemples aprennent, comme *mihi gratus*, agréable à moi ; *acceptus novem Camenis*, agréable aux neuf Muſes ; *favere alicui*, être favorable à quelqu'un ; *studere Philosophiæ*, s'apliquer à la Philosophie ; *prodesse alicui*, être utile à quelqu'un, &c.

D. Quand est-ce qu'on met un nom à l'ablatif?

R. L'ablatif est le cas de certaines prépositions. Il n'y a jamais d'ablatif sans une de ces prépositions, exprimée ou sous-entenduë.

REMARQUE.

A l'égard de l'étymologie de l'ablatif il vient d'*ablatus* ôté ; voici ce que Perizonius en dit. *Denominationes casuum facta sunt à potissimo usu, hic autem in ablativo est, quòd regitur à præpositionibus quæ unde quid sumitur & proficiscitur, maximam partem significant. Perizonius in Sanctii Minervam, l. 1. c. 6. n. 3.* Priscien remarque aussi que, *Multas alias & diversas unusquisque casus habet significationes, sed à notioribus & frequentioribus acceperunt nominationem. Prisc. l. 5.*

Ainsi ce cas marquant ordinairement le transport d'une chose à une autre par le moyen des prépositions, s'apelle ablatif d'*ablatus* ôté. *Auferre aliquid ab aliquo.*

D. Comment appelle-t-on ces mots Nominatif, Génitif, Datif, &c?

R. On les apelle les cas, ce mot vient de *casus*, chute, accident ; parceque les cas sont comme les différentes chutes d'un même mot, ils en marquent les différens accidens.

D. A quoi servent les cas ?

R. Ils servent à marquer les différens raports sous lesquels on considére un même mot.

D. Pourquoi Horace a-t-il dit *lucidum decus* ; & non pas *lucidus* ou *lucida*?

R. Parceque *decus* est du genre neutre, & que

l'adjectif doit s'accorder avec le substantif en genre, en nombre, & en cas.

D. Qu'est-ce que le nom substantif ?

R. Le nom substantif est un mot qui marque une chose qui subsiste, comme *le Soleil, la Lune,* &c. ou qui est considérée comme subsistant : par exemple, *le courage, la beauté,* &c.

D. Qu'est-ce que l'adjectif ?

R. Ce mot adjectif signifie ajoûté ; c'est le mot qui ajoûte au substantif une qualité ou maniere d'être ; c'est un mot qui exprime une propriété du substantif.

D. Pourquoi l'adjectif s'accorde-t-il avec le substantif en genre, en nombre & en cas ?

R. Parceque l'adjectif ne marque que la maniere d'être d'une chose, il ne sert qu'à en faire considérer une propriété : or la propriété d'une chose, c'est la chose même avec sa propriété. *Le Soleil est lumineux* ; ce terme *lumineux* qu'on dit du Soleil, ne sert qu'à faire considérer une qualité du Soleil, laquelle n'est autre chose que le Soleil même : ainsi l'adjectif n'étant qu'une même chose avec le substantif, il doit se mettre selon tous les mêmes raports.

Voilà les véritables raisons des cas & du raport que les parties du Discours ont entre elles, en quoi consiste toute la Syntaxe : la Traduction littérale rend ces raisons uniformes dans les endroits les plus difficiles, qui n'ont donné lieu aux régles des Méthodes ordinaires, que par la différence qui se trouve entre les tours d'une langue & ceux d'une autre, & par les mots sous-entendus ; ces deux obstacles sont dissipez par le suplément des mots sous-entendus, & par la traduction littérale qui conserve le tour de la Langue Latine.

Ce que l'on vient de dire ici de la Syntaxe, se voit plus en détail dans la Syntaxe qui est à la fin du nouveau Rudiment, où l'on donne à chaque cas les exemples les plus embarrassans, & où l'on parle des nombres, des genres, des temps des verbes, & des autres parties du Discours. Je répéterai seulement que quoique ceci paroisse métaphysique, j'ai éprouvé plusieurs fois que les enfans d'une capacité ordinaire l'entendent & le retiennent plus aisément, qu'ils n'aprennent les régles communes.

DES ACCENS.

Il me reste un mot à dire sur les Accens. Il est essentiel de faire prendre de bonne heure aux enfans l'habitude de bien prononcer le latin.

Nous ne sçaurions parvenir à la prononciation des anciens, & cela seroit même fort inutile; nous ne faisons sentir aujourd'hui la quantité des mots latins que par raport à la pénultiéme. Si elle est longue, on met un accent aigu par-dessus; mais si elle est bréve, nous élevons l'antépénultiéme, afin de passer légérement sur la pénultiéme; & alors on met l'accent aigu sur cette antépénultiéme, pour marquer qu'on doit l'élever.

L'usage de l'accent aigu en grec & en latin, est de marquer qu'il faut élever la syllabe; mais il ne marque nullement la quantité de la syllabe sur laquelle il est placé, comme Messieurs de P. R. l'ont fait voir dans le Traité des Accens. Ainsi on met également l'accent aigu sur *Dóminus* & sur *Dórius*, parcequ'on les prononce également, quoique dans les vers *do* soit bref en *Dóminus* & long en *Dórius* ; & ce seroit une égale faute de ne pas s'arrêter assez, ou de s'arrêter trop long-temps sur l'un ou sur l'autre.

Les Grecs mettent aussi également le même accent sur les syllabes bréves & sur les longues, parcequ'encore un coup les accens ne sont point faits pour marquer la quantité de ces syllabes, ils marquent seulement qu'il faut élever ou abaisser la voix. Ainsi ce seroit aller contre la nature des accens, & contre l'usage que les Grecs & les Latins en ont fait, si on leur donnoit une nouvelle détermination, qui d'ailleurs ne seroit pas d'une grande utilité, puisqu'elle ne pourroit servir que pour quelques mots.

L'accent grave n'est plus en usage en latin depuis long-temps, on ne le met aujourd'hui que sur la dernière syllabe des mots indéclinables.

Il faut aussi laisser à l'accent circonflexe la possession où il est de marquer les syncopes, l'ablatif de la première déclinaison, & le génitif de la quatriéme. Ce seroit jetter de la confusion que de lui donner un autre usage.

Si l'on veut aprendre la quantité des autres syllabes, cela ne servira que pour la versification, & nullement pour la prononciation d'aujourd'hui ; & alors on doit le faire dans un Traité à part.

Je ne mets point d'accent sur les mots de deux syllabes, on prononce également *pater* & *mater* ; je n'en mets pas non plus sur la pénultiéme quand la voyelle est suivie de deux consonnes, il seroit bien difficile de s'y méprendre.

Il est aussi fort utile de faire marquer les accens à ceux qui écrivent.

APPROBATION.

J'AY lû par l'ordre de Monseigneur le Garde des Sceaux, un Ouvrage intitulé, *Exposition d'une Méthode raisonnée pour apprendre la Langue Latine, avec plusieurs autres petits Ouvrages latins & françois qui en contiennent la pratique, sçavoir un nouveau Rudiment, un petit Catechisme, & un Abregé de la Fable.* Il seroit à souhaiter qu'on voulût bien suivre cette Méthode, qui soulageroit beaucoup les commençans. A Paris ce 8 Juin 1722.

BANCE.

PRIVILEGE DU ROY.

LOUIS par la grace de Dieu, Roy de France & de Navarre: A nos amez & feaux Conseillers, les Gens tenans nos Cours de Parlement, Maîtres des Requêtes ordinaires de notre Hôtel, Grand Conseil, Prevôt de Paris, Baillifs, Sénéchaux, leurs Lieutenans Civils, & autres nos Justiciers qu'il apartiendra, SALUT. Notre bien amé le Sieur DU MARSAIS, Nous ayant représenté qu'il souhaiteroit faire imprimer & donner au Public un Ouvrage qui a pour titre, *Exposition d'une Méthode Raisonnée pour aprendre la Langue Latine avec la pratique, consistant en de nouveaux Rudimens, suivis d'un petit Catechisme latin, & d'un Abregé de la Fable, pour servir d'exemple à cette Méthode,* s'il Nous plaisoit lui acorder nos Lettres de Privilege sur ce necessaires: A ces causes, voulant favorablement traiter l'Exposant, Nous lui avons permis & permettons par ces Presentes, de faire imprimer ledit Ouvrage ci-dessus spécifié en tels Volumes, forme, marge, caracteres, conjointement ou separément, & autant de fois que bon lui semblera, & de le faire vendre, & debiter par tout notre Royaume pendant le temps de six années consecutives, à compter du jour de la date desdites Presentes. Faisons défenses à toutes sortes de personnes, de quelque qualité & condition qu'elles soient, d'en introduire d'impression étrangere dans aucun lieu de notre obéissance; comme aussi à tous Libraires, Imprimeurs &

autres d'imprimer faire imprimer, vendre, faire vendre, debiter, ni contrefaire ledit Ouvrage ci-dessus expliqué en tout ni en partie, ni d'en faire aucuns Extraits, sous quelque prétexte que ce soit d'augmentation, correction, changement de titre, même feuille séparée ou autrement, sans la permission expresse & par écrit dudit Exposant, ou de ceux qui auront droit de lui ; à peine de confiscation des Exemplaires contrefaits, de trois mille livres d'amende contre chacun des contrevenans, dont un tiers à Nous, un tiers à l'Hôtel-Dieu de Paris, l'autre tiers audit Exposant, & de tous dépens, dommages & interêts. Faisons en outre défenses aux mêmes personnes & sous les mêmes peines énoncées ci-dessus, d'entreprendre d'imprimer, faire imprimer, vendre, faire vendre & debiter aucuns Livres travaillez suivant ladite Méthode expliquée & pratiquée dans ledit Ouvrage; à la charge que l'Exposant prendra de nouvelles Lettres de Privilege particulier pour chaque Auteur qu'il fera imprimer dans la suite, travaillez suivant ladite Méthode ; & que ces Presentes seront enregistrées tout au long sur le Registre de la Communauté des Libraires & Imprimeurs de Paris, & ce dans trois mois de la date d'icelles ; que l'impression dudit Ouvrage ci-dessus spécifié sera faite dans notre Royaume, & non ailleurs, en bon papier & en beaux caracteres, conformément aux Reglemens de la Librairie ; & qu'avant que de les exposer en vente, les Manuscrits ou Imprimez qui auront servi de Copie à l'impression dudit Ouvrage, sera remis dans le même état où l'Aprobation y aura été donnée, ès mains de notre trèscher & feal Chevalier Garde des Sceaux de France le Sieur Fleuriau d'Armenonville ; & qu'il en sera ensuite remis deux Exemplaires dans notre Bibliotheque publique, un dans celle de notre Château du Louvre, & un dans celle de notredit très-cher & feal Chevalier Garde des Sceaux de France le Sieur Fleuriau d'Armenonville ; le tout à peine de nullité des Presentes : Du contenu desquelles vous mandons & enjoignons de faire jouir l'Exposant ou ses ayant cause pleinement & paisiblement, sans souffrir qu'il leur soit fait aucun trouble ou empêchemens. Voulons que la Copie desdites Presentes qui sera imprimée tout au long au commencement ou à la fin dudit Ouvrage soit tenue pour dûement signifiée, & qu'aux Copies collationnées par l'un de nos amez & feaux Conseillers & Secretaires, foi soit ajoûtée comme à l'Original. Commandons au premier notre Huissier ou Sergent, de faire pour l'execution d'icelles tous Actes requis & necessaires, sans demander autre permission, & nonobstant clameur de Haro, Charte Normande, & Lettres à ce contraires : Car tel est notre plaisir. Donné à Paris le vingt-sixiéme jour du mois de Juin l'an de grace mil sept cens vingt-deux, & de notre Regne le septiéme. Par le Roy en son Conseil, CARPOT.

Regiſtré ſur le Regiſtre V. de la Communauté des Libraires & Imprimeurs de Paris, page 136. N° 156, conformément aux Reglemens, & notamment à l'Arreſt du Conſeil du 13 Août 1703. A Paris le 6 Juillet 1722. Signé, DELAULNE, Syndic,

www.ingramcontent.com/pod-product-compliance
Lightning Source LLC
LaVergne TN
LVHW050605090426
835512LV00008B/1349